本书为浙江省哲学社会科学规划课题"推进中国跨越'创新陷阱'的机制与政策研究"(课题编号:20NDJC30Z)的阶段性成果

浙江省经济高质量发展的动力机制与对策

肖明月　著

浙江工商大学出版社
ZHEJIANG GONGSHANG UNIVERSITY PRESS
·杭州·

图书在版编目(CIP)数据

浙江省经济高质量发展的动力机制与对策 / 肖明月
著. 一杭州：浙江工商大学出版社，2019.6
ISBN 978-7-5178-3297-3

Ⅰ. ①浙… Ⅱ. ①肖… Ⅲ. ①区域经济发展－研究－
浙江 Ⅳ. ①F127.55

中国版本图书馆 CIP 数据核字(2019)第 128241 号

浙江省经济高质量发展的动力机制与对策
ZHEJIANGSHENG JINGJI GAOZHILIANG FAZHAN DE DONGLI JIZHI YU DUICE

肖明月　著

责任编辑	张　玲
封面设计	林朦朦
责任印制	包建辉
出版发行	浙江工商大学出版社
	（杭州市教工路 198 号　邮政编码 310012）
	（E-mail：zjgsupress@163.com）
	（网址：http://www.zjgsupress.com）
	电话：0571-88904980，88831806（传真）
排　　版	杭州朝曦图文设计有限公司
印　　刷	杭州高腾印务有限公司
开　　本	710mm×1000mm　1/16
印　　张	10.75
字　　数	205 千
版 印 次	2019 年 6 月第 1 版　2019 年 6 月第 1 次印刷
书　　号	ISBN 978-7-5178-3297-3
定　　价	42.00 元

前 言
PERFACE

　　浙江省经济经过几十年的高速发展,取得的成就举世瞩目,但也存在着资源要素投入大、单位产出低下等问题,经济转型增长迫在眉睫。经济增长质量提升不仅是经济转型发展战略取得阶段性成果的评价指标,也是浙江经济能否实现持续稳定健康增长的关键。基于此,对经济增长质量的测度、提升动力和政策的研究就有着极其重要的现实意义。

　　本书基于结构分解和主成分分析等方法对浙江省经济增长质量进行了测度,并将其与经济增长数量进行耦合分析,然后基于多个视角分析了经济增长质量提升的动力机制。得出的主要结论有:

　　(1)数量增长对浙江经济增长仍有着重要的影响,但经济增长正由数量驱动向质量驱动转变。从总体上看,数量增长仍具有一定的影响力,是浙江经济增长不可或缺的部分,且2000年之前,浙江经济的数量增长比重大于质量增长比重,经济粗放增长的模式较为明显,即经济增长主要依靠大量要素资源的投入,经济增长上的质量较低。随着浙江经济转型升级的推进,经济质量增长的作用逐渐显现,对经济增长的影响已赶超数量增长的影响,到2010年以后,质量增长比重已超过60%,占据绝对优势地位。另外,从增长趋势上看,浙江经济增长总指数也与经济增长质量指数保持着高度同步。

　　(2)浙江经济即将越过跃迁门槛点,即经济增长质量与增长数量已从低耦合阶段转变为高耦合阶段。从经济增长数量和经济增长质量的协调度、发展度及耦合度来看,1993—2001年浙江省的经济增长处于低耦合发展阶段,但随着两者的不断发展,耦合度也在不断攀升。但在2011年之后经济增长再次进入数量增长主导阶段。从趋势上看,浙江经济即将进入跃迁门槛点,未来极有可能出现高耦合质量型增长阶段,因此浙江在持续探索跃迁模式的同时,应强化自主创新能力提升以转变增长动力,避免陷入高耦合数量型增长困境。

　　(3)资本深化导致了浙江省资本回报率下降,不利于资本要素质量提升;人力资本则对资本回报率有着显著的促进作用,有助于经济高质量增长。资本深化对资本回报率有着持续的负向影响,且其占比也较高,因此"投资驱动型"增长模式虽对浙江的高速发展功不可没,但该模式现已无法适应浙江发展的要求,亟须寻找新型发展路径,即在数量增长的同时,提升资本的质量是今后发展的重要方向之一。人力资本提升一方面可以提高技术的利用效率,另一方面还可以加快技术创新,中国总体及分地区的实证结果均证明了人力资本的积极作用,这说明人力资本已成为中国资本回报率提升的重要推动力,因此成为经济增长质量提升的重要推动力。

(4)中国工业行业的绿色经济效率较低,行业粗放发展特征明显,其受经济发展水平、能源效率和行业规模影响较大。经济发展水平与轻工业绿色经济效率之间呈倒 U 形关系,与重工业绿色经济效率呈正 U 形关系。行业规模对工业绿色经济效率有着不利影响,能源结构则对绿色经济效率有着促进作用。

(5)全球价值链嵌入对经济增长质量的影响呈 U 形。在研发强度较低时,国内制造业的技术积累不足,多偏向于从事加工贸易,容易陷入"低端锁定"陷阱与"市场、资金双重缺乏"困境,因此供给质量提升困难重重。随着研发强度的提高,国内制造业技术水平的提升能够抵消参与全球价值链带来的不利影响,且技术实力的积累还为突破发达国家技术封锁打下了坚实基础,因而有利于制造业供给质量的提升。另外,技术型企业还有着较强的"学习效应",研发强度越高,参与全球价值链对制造业供给质量的提升作用越明显。

(6)产能过剩治理政策有助于行业技术创新水平提高,进而倒逼经济增长质量提升。产能过剩治理的过程中,政府会利用行政手段淘汰一批规模小、地域分散、技术落后的中小型工业企业,引进经济效益好、能耗低的技术密集型产业,通过提升产业集中度和行业技术密集度两个路径促进中国工业行业的技术创新;金融危机后,中国工业行业产能过剩形势更为严峻,政府进一步加大了对工业行业产能过剩的治理力度,因此金融危机发生后产能过剩治理对工业技术创新的影响程度大于发生前。

(7)随着经济高质量增长要求的提升,产品供给质量日益提升,有助于化解当前制造业存在的产能过剩问题。产品供给质量提升满足了当前社会需求结构升级的需要,促进了供给结构与需求结构的再平衡,因此对去产能有着积极的促进作用。未来浙江对产能过剩的治理应依据行业特征实施差异化的创新措施,特别是对资本密集型行业,应转变技术创新的"资本路径依赖",重点探寻原创性的知识创新和人力资本创新。

(8)浙江省经济增长质量提升,有赖于加快实施三大路径,并构建四大政策体系。

本书由肖明月负责统筹撰写,具体章节安排如下:

导论。主要介绍本书的研究背景、研究价值、研究目标和研究框架。

第一章国内外研究现状。主要梳理了经济增长方面的已有文献,重点基于经济增长质量的内涵界定、经济增长质量的测度方法和经济增长质量的影响因素三个层面展开,并对现有研究进行了总结性评述。本章主要由肖明月和褚桂楠负责撰写。

第二章浙江省经济增长质量测度:方法与实证。本部分首先基于结构分解的方法提出了测度经济增长质量的方法,然后基于浙江省数据进行了实证测度,并对其结构变动及变动趋势进行了深入研究。本章主要由肖明月和杨君负责撰写。

第三章浙江省经济增长质量与数量的耦合分析。本部分在第二章研究的基础上,使用主成分分析法对浙江省经济增长质量和数量进行了综合评价,并对两者的关系进行了耦合分析,从而为浙江省经济增长质量及其未来发展趋势的准确把握打下了坚实基础。本章主要由杨君和褚桂楠负责撰写。

第四章浙江省经济增长质量提升动力研究:资本要素视角。本部分主要从资本要素视角研究了经济增长质量提升的动力机制,包括理论与实证分析。本章主要由肖明月负责撰写。

第五章浙江省经济增长质量提升动力研究:人力要素视角。本部分主要从人力要素视角研究了经济增长质量提升的动力机制,包括理论与实证分析。本章主要由肖明月负责撰写。

第六章浙江省经济增长质量提升动力研究:绿色转型视角。本部分主要从绿色转型视角研究了经济增长质量提升的动力机制,包括理论与实证分析。本章主要由肖明月和卢东子负责撰写。

第七章浙江省经济增长质量提升动力研究:创新发展视角。本部分主要从创新发展视角研究了经济增长质量提升的动力机制,包括理论与实证分析。本章主要由肖明月和杨君负责撰写。

第八章浙江省经济增长质量提升动力研究:开放发展视角。本部分主要从开放发展视角研究了经济增长质量提升的动力机制,包括理论与实证分析。本章主要由肖明月负责撰写。

第九章浙江省经济增长质量提升动力研究:政策倒逼视角。本部分主要从政策倒逼视角研究了经济增长质量提升的动力机制,包括理论与实证分析。本章主要由杨君和刘炜亚负责撰写。

第十章经济增长质量提升的宏观效应分析:产能化解效应。本部分从中国存在严重产能过剩的背景出发,研究了经济增长质量提升对产能过剩化解的影响。本章主要由肖明月负责撰写。

第十一章经济增长质量提升的经验借鉴。本部分分别分析了美国、德国、日本和韩国经济发展的经验,进而为后文政策建议构建提供国外经验借鉴。本章主要由肖明月负责撰写。

第十二章浙江省经济增长质量提升的路径与政策。该部分基于本书的理论与实证分析结论,提出了浙江省经济增长质量提升的三大路径与四点政策建议。本章主要由肖明月和杨君负责撰写。

本书是对近几年研究成果的总结和梳理,也是浙江省"十三五"优势专业投资理财专业内涵建设的阶段性成果。当然,由于水平所限,本书谬误之处在所难免,敬请批评指正!

肖明月

2019 年 4 月于杭州

目 录
CONTENTS

导　论

过去 30 多年,浙江经济主要采取外延型(粗放型)增长方式,维持长期高增长率的最大推动力是要素投入与资本集聚。这种粗放型增长方式虽然给浙江带来了令人瞩目的经济增长率,但是高投入、低效率的模式造成的产业结构扭曲、消费结构扭曲等问题已经引起了社会的高度关注和担忧(方文全,2012)。近年来,浙江现有经济增长的推动力正逐步递减,支撑浙江经济增长的主要因素已经由生产能力的大规模扩张转为提高生产效率、提高技术进步对经济增长的贡献率,因此,迫切需要挖掘新的增长源,拓展新的增长路径。依托创新驱动发展,积极探索经济增长的新动力机制与路径,是浙江突破产能过剩与成本上升双重约束困境的关键手段,也是实现经济增长方式转变、提高经济增长质量和效益的核心内容与根本途径。

当前,提升经济增长质量和效益面临四个问题:一是理论上还没有测度经济增长质量和效益的统一方法及其提升的一般性机制和路径优化等;二是近几年来,中央和地方强调转型发展,经济增长质量与效益的提升已列入经济发展计划,政府和企业如何及早规划与转变增长方式是一个待解决的问题;三是企业因经济不景气而投资乏力,地方政府为保增长而冲动投资,如何从增长质量与效益提升的角度切入,平衡两者的关系,是经济转型发展必须解决的难题;四是在当前产能过剩与成本上升的背景下,经济增长的原有机制已发生变化,如何培育和完善新的提升机制是解决当前困境下经济增长质量与效益提升的关键所在。

为此,迫切需要构建一个经济增长新型动力机制模型,准确衡量浙江经济增长的质量和效益,并揭示其提升的内在机制及动态演进,进而提出相应的路径优化思路与政策措施,切实提升经济增长的质量与效益,为浙江改变传统投资驱动型经济增长模式,突破资本约束,实现创新增长战略目标提供理论和经验支持。

一、本书的主要研究价值

1. 理论价值

（1）将经济增长的因素划分为四个主要因素——传统的投入要素增长、要素质量提升、要素配置效率改进、技术创新增进，进而形成一个能够测度经济增长质量和效益的理论方法，并对经济增长方式、经济增长质量与效益做出合理评价，为后续相关研究提供了一个全新的理论工具。

（2）基于经济增长新动力源挖掘的视角，提炼了推动未来浙江经济增长质量和效益提升的三大结构转换路径：要素质量提升路径、要素配置优化路径和技术创新增进路径。

（3）结合经济增长质量和效益提升理论的最新研究，从横向（全省 27 个工业行业）和纵向（1993—2014 年）两个维度，探索有别于经验理论假设环境下经济增长质量和效益提升的动态演进机理，以丰富该领域的理论体系。

2. 实际应用价值

（1）基于经济增长分解模型，测度出浙江经济增长的质量和效益，为政府制定经济增长质量和效益提升的政策提供统计学的依据。

（2）基于经济结构转换的三大路径，挖掘和开辟浙江经济增长质量和效益提升的三大新动力源，为浙江保持经济平稳较快发展、顺利实现经济发展转型的目标提供新思路和新路径。

（3）以新提升机制的培育和完善为出发点，探索浙江经济增长质量和效益提升的可能路径及新型提升模式。

二、本书的主要研究目标

（1）构建能够测度经济增长质量和效益的测度方法，进而测度出浙江经济增长的质量和效益。

（2）在理论和实证研究的基础上，从要素质量提升、要素配置效率优化和技术创新增进三个层面揭示浙江经济增长质量和效益提升的内在机制和路径选择。

（3）构建浙江经济增长质量和效益提升的新型产业政策，为浙江增长提供操作性较强的发展思路和产业政策体系。

三、本书的主要研究内容

1. 经济增长质量和效益的测度方法与结果

本部分以经济增长的新动力源分解为突破口，在考虑产业部门、地区或市场结构变化产生经济增长结构效应的基础上，结合经济转型时期的特殊背景，将影响经济增长的因素划分为传统的投入要素增长(资本要素和劳动要素)、要素质量提升(资本质量和人力资本)、要素配置效率改进(产业、空间或市场结构)和技术创新增进四大因素,从理论上将经济增长分解为"数量"的提高(投入要素增长)与"质量和效益"的提升(要素质量提升、要素配置效率改进和技术创新增进)两个部分,进而形成测度经济增长质量和效益的理论方法,并根据分解模型揭示出经济增长质量和效益提升的新型动力源机制,即要素质量提升、要素配置效率改进和技术创新增进。

2.浙江省经济增长质量和效益的测度结果及分析

本部分首先基于理论分析部分的分解模型,对浙江1993—2014年经济增长进行实证分析,分别计算出技术创新增进、要素质量提升和要素配置效率改进对浙江经济增长的贡献,并与要素投入数量增加的贡献进行年度比较,从而从实证的角度测度出浙江经济增长的质量和效益,进而深入刻画浙江经济增长质量和效益提升的规律与新型动力机制。

3.浙江省经济增长质量和效益的影响因素分析

本部分基于要素投入和价值链嵌入的视角,对浙江省经济增长质量和效益的影响因素进行分析。首先借鉴于津平(2013)的方法对浙江省的全球价值链嵌入进行测度,然后使用 VAR 模型对浙江省经济增长质量和效益的影响因素进行动态分析。

4.经济增长质量和效益提升的经验借鉴

本部分通过对美国、德国、日本、韩国等国家经济发展经验的梳理和总结,揭示经济增长质量和效益提升的规律与政策选择,为浙江省经济增长质量和效益提升的政策选择提供参考借鉴。

5.浙江省经济增长质量和效益提升的路径和政策

本部分综合分析理论研究、实证研究与经验借鉴部分中的经济增长质量和效益提升的可行性路径的优劣,探寻实证路径与经验路径的切合点与统一性,在此基础上,建构浙江经济增长质量和效益提升的新型产业政策体系。

四、本书拟解决的关键问题

(1)如何通过经济增长的理论分解,构建一个测度经济增长质量和效益的一般方法,进而利用该方法准确测度浙江经济增长质量和效益。

(2)如何基于经济增长新动力源视角,挖掘浙江经济增长质量和效益的提升路径。

(3)如何探索理论分析与实证分析的切合点,进而构建浙江经济增长质量和效益提升的新型产业政策体系。

1 国内外研究现状

经济增长的早期研究主要侧重于增长的动力和机制等方面,即重点关注数量增长方面。近些年来,中国经济在数量增长方面取得了巨大成就,但其背后也存在着许多问题,如经济结构失衡、贫富差距拉大、资源环境恶化等,严重制约着经济的健康持续发展。越来越多的学者意识到,外在的经济增长数量并不能全面反映经济发展,必须用内在的综合增长质量来予以反映,因此对经济增长质量的研究便成为学术界的热点之一。本书主要从经济增长质量的内涵界定、测量方法和影响因素三个方面,对已有研究进行简要的梳理和评述,并指出现有文献的不足和未来可能的研究方向。

1.1 经济增长质量的内涵界定

由于对经济增长质量的界定还没有形成统一的认识,不同的学者根据自己的理解从不同的角度给出了经济增长质量的内涵界定。主要形成两类观点:狭义和广义的经济增长质量。

1.1.1 狭义的经济增长质量:增长效率

从狭义的经济增长质量来看,是指资源要素投入比例、经济增长效果或经济增长效率,体现的是经济增长方式的转变问题(沈坤荣,1998)。卡马耶夫(1983)较早提出经济增长质量的概念,而郭克莎(1996)进一步提出经济增长质量主要表现在经济增长效率、国际竞争力、通货膨胀率和环境污染程度四个方面。王积业(2000)认为经济增长质量是在经济增长过程中资源利用的改进或要素生产率的增加;刘亚建(2002)指出经济增长速度与经济增长质量是不同的概念;康梅(2006)与之有相似的理解,他认为经济增长质量的高低就是经济增长效率的高低;沈利生(2006)

是用增加值率即一个从总体上度量经济投入产出效应的指标,来衡量经济增长质量的。章祥荪(2008)也提出经济增长质量取决于全要素生产率的观点。何强(2015)则将经济增长质量界定为在一定生产要素禀赋以及资源环境、经济结构、收入结构约束下的经济增长效率。

1.1.2　广义的经济增长质量:综合发展

从广义的经济增长质量来看,不同学者从不同角度出发,对经济增长质量的内涵提出了不同的看法。托马斯(2001)认为经济增长质量是增长过程中除却增长速度外的关键内容;李岳平(2001)也认为经济增长不仅有数量的规定性,也有质量的规定性;Barro(2002)所理解的经济增长质量较为宽泛,即把与经济增长紧密相关的社会、政治及宗教等问题都考虑在内。很多学者在界定时都以综合性观点为主,一些是从不同的维度来衡量经济增长质量,其中有相似观点的学者为:单晓娅、陈森良(2001),单薇(2003),刘树成(2007),申世军、邬凯生(2007)等。钞小静、惠康(2009)则是从经济增长的结果、稳定性、福利变化与成果分配、资源利用和生态环境四个方面来界定的,之后(2010)又将国民素质纳入进去;毛其淋(2012)是从协调性、有效性、持续性、稳定性和分享性五个维度进行界定的。

1.2　经济增长质量的测度方法

1.2.1　全要素生产率

杨飞虎(2010)根据 C-D 生产函数原理应用索洛余值法,估算我国各要素对我国经济增长的贡献。李京文(1992)及其后续研究(1996)中,采用超越对数生产函数对1953—1995 年的中国经济增长源泉进行分析。郑京海、胡鞍钢(2005)用 Malmquist 指数法测算我国 1979—2001 年间的全要素生产率变化。陈夕红等(2013)采用DEA-Malmquist 方法测算广义技术进步指数,分析经济增长质量与能源效率的作用机制。由于存在隐含的技术进步,故不能很好地对经济增长质量进行评价(康梅,2006)。而且 TFP 与即期的服务流或生产能力有关,不能反映它对之后年份的影响,也不能全面反映资源配置状况,所以仅靠 TFP 来评价要素的经济效果是不完全的,即不能全面反映经济增长的质量(郑玉歆,2007)。这些是从全要素生产率方法本身认为其不可用的,随着经济增长质量内涵的进一步外延,全要素生产率只能作为其测度的一个基础指标,而不能全面反映经济增长质量。

1.2.2 熵值法

熵值法是利用指定指标的信息熵值来判断该指标的有效性和价值的方法。学者一般结合实证对评价指标进行排序。如单薇(2003)通过对1995—2000年我国经济增长质量进行评价,得出1999年我国经济增长质量水平最高;邱岚岚、徐靖宇(2011)则用七个指标衡量云南1985—2009年的经济增长质量水平的高低。由于该方法存在一定的局限性,故部分学者将其他方法与熵值法相结合来分析评价指标,如郁利花(2011)在熵值法的基础上引入德菲尔法,即通过咨询专家(统计学和经济学教师)对指标进行赋值,得到主观权重,利用熵值法得到客观权重,最后得到组合权值,并对浙江省2000—2008年的经济增长质量进行评价;刘小瑜、汪淑梅(2014)用集对分析法度量各评级对象与评价标准的差距,用熵值法计算权值,分析我国1990—2012年的经济增长质量,并对经济增长质量和增长数量进行对比分析。由于熵值法是一种客观赋值法,它根据指标数值的变异程度确定权重,但不能很好地反映指标之间的相关关系,有一定的局限性,因此一些学者提出用因子分析法来进行评价。

1.2.3 因子分析法

马建新、申世军(2007)对1990年以来中国经济增长的质量进行了实证研究,认为最近几年的中国经济增长质量与数量扩张存在明显的不同步现象。李卫国(2013)用因子分析和层次聚类分析对省际的经济增长质量差异进行研究,得出从整体上来看我国经济增长质量非常不平衡,省际的经济增长差异明显。刘燕妮、安立仁和金田林(2014)通过因子分析法来确定权重,在得到的分项指标指数的基础上进行主观打分确定不同经济结构的失衡程度,测度1978—2010年中国经济结构和各要素之间的失衡程度,并分析其对经济增长质量的影响。李荣富、王萍和傅懿兵(2015)运用时序因子分析方法即使时间因子与传统因子分析法结合将动态数据信息转换为静态的,测算2000—2012年安徽省、浙江省、全国的经济增长质量指数和各维度指数,反映安徽省经济增长质量水平存在的不足。虽然因子分析得到的权重不受主观因素的影响,有较好的客观性,且得出的综合指标(公共因子)之间相互独立,交叉信息较少;但是对于包含多个维度的经济增长质量测度而言,因子分析法无法准确刻画出各个维度的具体变化情况,只能得到公共因子的变动态势(刘海英、张纯洪,2006),故因子分析方法在测度经济增长质量上存在一定的局限性。

1.2.4　主成分分析法

钞小静、惠康(2009)及其后续研究(2011)中采用主成分分析法确定各指标的权重,他们对中国1978—2007年经济增长质量的测度结果表明,我国在经济增长数量迅速扩张的同时,经济增长质量也得到一定程度的提高。文建东、李慧(2012)运用主成分分析法衡量经济增长质量的综合指数,对我国东、中、西部三个地区的四十九个县进行了实证分析,认为我国地区间的经济增长质量的差距是比较大的。宋斌(2013)从包容性增长的视角出发,运用主成分分析法,对中国2001—2011年经济增长质量进行测度和评价,发现我国近年来经济增长质量整体得到显著改善,但区域差距依然较大。吴茂东(2010)采用改进的主成分—熵值组合评价方法对江西省的经济增长质量进行测评,将各年度各个一级指标主成分的得分矩阵作为熵值法输入的原始数据,全面地反映数据所提供的信息。门可佩等(2011)是通过灰色关联度来分析和确定系统因素间的影响程度,并与主成分—聚类分析和改进的灰色关联分析方法相结合,对江苏省经济增长质量进行实证分析研究的。主成分分析法具有客观性,能够避免人为设定引致的主观性对分析带来的不良影响,但是为消除量纲和数量级的影响,丢失了各指标变异程度上的差异信息,即不能准确反映原始数据所包含的全部信息。

1.3　经济增长质量的影响因素

1.3.1　经济结构

经济结构对经济增长质量的影响机理:一是投资消费结构和产业结构的优化,有助于改善资源配置的状况,使资源从生产率增长较慢的部门转向较快的部门,实现资源配置的帕累托最优,从而提高经济增长的效率,促进经济增长质量的提高(毛其淋,2012;李娟伟等,2014;刘燕妮等,2014);二是金融结构和国际收支结构的优化,有助于抑制经济增长的大幅波动,保持经济增长的稳定性,进而促进质量型经济增长的稳定提高;三是区域经济结构的优化,有助于缩小城乡居民收入分配差距,改善居民的福利水平,从而提高经济增长的质量。

1.3.2　技术进步

技术进步对经济增长质量的影响机理为:改变生产要素的组合来提高资源利用率,使收益递增,从而改善经济增长质量(魏婕、任保平,2009;钞小静、任保平,2011);技术进步可以克服资源有限性的约束,为经济增长提供持续动力(任保平、王蓉,2013),还可以开发利用自然资源的维度与空间,提升劳动对象的自主性以及生产工作的效率(李卫国,2013);也可以减少生产过程中的资源浪费和污染排放,增强经济增长的持续性,提高增长的效率和优化结构,从而提高增长质量(毛其淋,2012)。

1.3.3 福利分配

福利分配状况影响经济增长质量的机理:一是影响社会需求水平,导致需求结构失衡,抑制经济增长质量(钞小静、任保平,2014);二是影响人力资本积累的水平,导致生产效率低下,从而影响经济增长质量;三是影响经济运行的社会成本,导致市场运行效率降低,阻碍了经济增长质量的提高(李娟伟等,2014)。

1.3.4 资源环境

资源环境对经济增长质量的影响机理:以最少的成本来治理污染,进行生态环境保护,使增长成本最小化;以最优的组合来利用资源,进行资源重复利用,使资源利用达到最大化;从而实现最大化的经济效益,促进经济质量的提升(任保平,2012;李娟伟等,2014)。

1.3.5 产品质量

产品质量对经济增长质量的作用机理:高质量的产品,可以提高居民的消费意愿,拉动内需;可以降低资源投入的浪费,提高要素产出率;可以提高熟练技工的报酬,促进各阶层收入分配公平。即微观产品质量通过价格、交换形成的自由竞争市场机制,引导资源、要素不断向高质量产品的生产用途上流动,从而驱动 GDP、投入产出效率和产品标准能力持续提升,促进消费结构、福利分配的改善,实现宏观经济有质量的增长(程虹,2013)。

1.4 总结性评述

综合梳理经济增长质量已有的研究可知,目前关于经济增长质量的研究内容日益丰富,但仍存在以下几个方面的不足需要完善和拓展:一是经济增长质量的内涵界定及外延还没有达成共识,目前学者多是根据自己的研究目的和角度来界定内涵,相关研究或不够全面,或过于宽泛,具有很大的随意性,为之后的度量及影响因素确定造成了障碍;二是关于经济增长质量的测度方法,虽然学者提出了不同的方法,但应用型较强的方法不多,很多方法仅停留在理论层面,且大多存在一定的缺陷,如熵值法不能反映指标之间的关系,因子分析和主成分分析不能反映经济增长的具体值等,而且也无法提出由于结构框架不完善造成的随机指标间的多重关系所带来的偏差;三是对影响经济增长质量的因素没有进行全面系统的分析,不能明确各内生因素对经济增长质量的作用机理,因此无法在这方面提出合理有效的质量提升措施。

2 浙江省经济增长质量测度:方法与实证

2.1 经济增长质量的测度方法:结构分解法

2.1.1 经济增长的理论分解

经济增长质量的内涵界定是存在一定争议的,许多学者从经济增长技术效率的角度对经济增长质量进行了研究(魏楚、沈满洪,2008;朱承亮、岳宏志和李婷,2009),然而经济增长质量不应仅从技术一方面考察,还应从经济结构等对经济的影响这种更为广义的视角进行研究,即经济增长质量不是简单地体现为技术效率,而是包含了经济发展的多个方面。借鉴以往学者的研究,本部分将经济增长划分为四个方面内容:一是技术创新增进;二是要素配置效率改进(产业、空间或市场结构);三是要素质量提升(资本质量和人力资本);四是传统的投入要素(资本要素和劳动要素)增长。各因素对经济增长的影响机理为:

(1)技术创新增进。技术创新主要通过技术结构、需求结构和贸易结构三个方面促进经济增长质量的提高。技术创新及其扩散效果的积累形成了各国技术结构的总体状况,技术结构变动会引起资源结构及其配置效率、产业关联水平等的改变,从而引起产业结构规模、水平及各产业优势地位的变化,推动产业结构向高级化、合理化和可持续化转换;技术创新引起新产品、新工艺的出现,生产新产品的企业往往具有成本优势,而新产品消费是需求结构变动的诱因,创新扩散使更多的企业进入新产品市场,强化新的需求模式,促使需求结构升级,最终将拉动经济结构转换,实现质量提高;新产品、新工艺会改变贸易形式的内容和质量,技术结构改变导致资源结构、资源配置效率和产业结构技术的变化,从而导致世界各国比较优势的变动,国内外各种技术和环境标准也倒逼企业积极进行技术创新,改善贸易结构,进而提高经济增长质量。

（2）要素配置效率。要素配置效率包括产业结构、金融结构和投资消费等方面。通过调整产业结构,推动要素和资源的优化配置、使用效率提升,实现产业结构的合理化和高度化,来提高一国产业经济的竞争力。在中国向市场经济转型过程中,要素配置的部分非市场化是典型特征,要素的低配置效率将导致创新效率低下,而外部环境,特别是政府不当干预也往往导致配置效率双重损失,同时,不合理的金融结构制约了金融效率的提高,影响了经济的发展,因此从金融结构优化的角度推进要素的优化配置和使用效率提升,对提升经济增长质量有着重要的现实意义。以"投资消费结构"作为经济结构战略调整的着眼点,优化消费的横向配置,促使市场重心由国际市场(外需)转向国内市场(内需),投资由发达区块向发展中区块流动,资源向城市集中,加快城市群落发展。优化空间布局、提升配置效率,既是经济增长质量提升的重要体现,也是经济增长质量提升的新型动力源。

（3）要素质量提升。经济增长来源之一——投入要素"质"的提高,即集约增长方式,在这一增长的过程中,生产要素的品质获得大幅度改善,这种要素品质的改善既可以表现为物质资本水平的提升,也可以表现为人力资本的积累。物质资本与其他要素之间存在着有限替代性且物质资本是其他要素的物质基础,在一般性物质资本向内含更多技术与知识含量的物质资本的转化过程中,物质资本通过细化分工、促进专业化以及质量提升等促进了经济增长质量的提升;人力资本包含要素和效率的生产两个重要特性,且存在着知识效应和外部效应,人力资本提升能够改善产业结构和就业结构,进而促进经济增长质量的提升。

（4）要素数量增长。过去30多年中,浙江经济主要采取外延型增长方式,维持经济长期高增长率的最大推动力是要素投入与资本集聚。这种粗放式增长方式虽然给浙江带来了令人瞩目的经济增长率,但是高投入、低效率的模式造成的产业结构扭曲、消费结构扭曲等问题也日益暴露。同时,随着世界经济的衰退,浙江经济虽然没有出现衰退,但是近年增长率也表现出了持续下降的趋势。因此,要素数量驱动型的外延型增长方式在经济发展初期能够推动经济的快速增长,但也存在其固有的弊端,从而限制了经济的持续增长。

在此基础上,本书构建了一个包含技术和要素配置效率的生产函数:

$$Y = AS(HL)^{\alpha}(DK)^{1-\alpha} \tag{1}$$

其中,Y 表示产出,A 表示技术创新,S 表示要素配置效率改进,L 表示劳动力数量,H 表示人力资本,K 表示资本存量,D 表示资本的质量。

对式(1)两边同时取对数可得:

$$\ln Y = \ln A + \ln S + \alpha \ln H + \alpha \ln L + (1-\alpha)\ln D + (1-\alpha)\ln K \tag{2}$$

进一步对式(2)求导并改写可得:

$$\underset{\text{增长}}{\frac{\dot{Y}}{Y}} = \underset{\text{技术创新}}{\frac{\dot{A}}{A}} + \underset{\text{要素配置效率}}{\frac{\dot{S}}{S}} + \underset{\text{要素质量提升}}{\left[\alpha\frac{\dot{H}}{H} + (1-\alpha)\frac{\dot{D}}{D}\right]} + \underset{\text{要素数量增长}}{\left[\alpha\frac{\dot{L}}{L} + (1-\alpha)\frac{\dot{K}}{K}\right]} \quad (3)$$

其中,$\frac{\dot{Y}}{Y}$表示产出的增长率,$\frac{\dot{A}}{A}$表示技术创新的增长率,$\frac{\dot{S}}{S}$表示要素配置效率改进,$\frac{\dot{H}}{H}$表示人力资本的增长率,$\frac{\dot{D}}{D}$表示资本质量的增长率,$\frac{\dot{L}}{L}$表示劳动力数量的增长率,$\frac{\dot{K}}{K}$表示资本存量的增长率。进而将经济增长分解为四个部分:技术创新增进、要素配置效率改进、要素质量提升和要素数量增长。前三个部分可认为是经济质量的提高,最后一个部分是经济数量的增长。

2.1.2 经济增长质量的测度方法

经济增长主要由四个方面构成,每个方面都由不同的评价指标来衡量,因此经济增长质量的测度需要构建一个反映四个方面特征的评价指标体系。评价指标的量化方法主要有熵值法、层次分析法、因子分析法和主成分分析法等。主成分分析法是将多个指标综合为少数几个指标,且尽可能多地保留原始变量信息的一种分析方法,该方法能够量化经济增长的四个方面,且可以充分反映经济增长质量各基础指标对于经济增长指数的贡献,比较适合本书对经济增长质量测度的要求,因此本书将在理论分析的基础上构建一个综合评价指标体系,并采用主成分分析法对浙江经济增长的质量进行测度。

根据理论部分对经济增长的分解,经济增长包含四个方面,本书将技术创新增进、要素配置效率改进和要素质量提升作为经济增长质量的三个评价维度,并将要素数量增长作为经济数量增长的评价维度。构成各评价维度的基础指标及计算方法,如表 2.1-1 所示。其中,要素配置效率评价维度相对较为复杂,分为四个分项指标,每个分项指标又包含若干项基础指标。要素数量、要素质量和技术创新则不分分项指标。

表 2.1-1 经济增长质量与效益的测度指标体系

评价维度	分项指标	基础指标	计算方法
要素数量		资本存量 永续盘存法	劳动力数量 ——
要素质量		人力资本 资本生产率 劳动生产率	J-F 法 GDP/资本存量 GDP/就业人员数

续　表

评价维度	分项指标	基础指标	计算方法
要素配置效率	产业结构	第一产业比较劳动生产率	（一产/GDP）/（一产就业人员/就业人员）
		第二产业比较劳动生产率	（二产/GDP）/（二产就业人员/就业人员）
		第三产业比较劳动生产率	（三产/GDP）/（三产就业人员/就业人员）
		工业化率	非农就业人员占总就业人员的比率
	投资消费结构	消费率	最终消费/GDP
		投资率	资本形成总额/GDP
	金融总量	存贷款总额/GDP	存贷款总额/GDP
	对外开放度	外贸依存度	进出口总额/GDP
技术创新		TFP 增长率 DEA-Malmquist 指数	专利授权量 ——

2.2　浙江省经济增长质量的测度结果

2.2.1　数据来源及处理方法

本书所使用的数据来源于历年《中国统计年鉴》和《浙江统计年鉴》，数据区间为 1993—2014 年。部分指标需要经过相应的计算，因此需要对计算方法与步骤进行简要的说明。另外，为了消除价格因素的影响，本书金额数据使用以 1985 年价格计算的不变价。

（1）资本存量。单豪杰（2008）对 2006 年以前资本存量进行了估算，本书在此基础上，利用浙江省资本形成总额数据对 2007—2014 年的数据进行了补齐。具体的计算方法为：$K_t = K_{t-1}(1-\delta_t) + I_t$，其中，$K_t$ 是 t 期的资本存量，δ_t 是 t 期的折旧率，I_t 是 t 期的投资额。

（2）人力资本。中央财经大学发布的《中国人力资本报告 2016》使用 J-F 法对中国部分省市的人力资本存量进行了估算。其中浙江省的数据到 2014 年。

（3）产业结构。本书使用产业比较劳动生产率来衡量产业结构，相较于三次产业结构数据，比较劳动生产率使用该产业产值比重与就业比重之间的比值表示，它反映的是该产业 1% 的劳动力所生产的产值占 GDP 的比重，是衡量三次产业劳动生产率高低的一个较为客观的指标。

（4）金融总量。金融总量可以使用货币中 M2 数据占 GDP 的比值表示，但我国省份 M2 数据无法统计,因此本书使用存贷款总额占 GDP 的比值来代替。

(5)TFP 增长率。本书使用 DEA-Malmquist 指数法进行测算,该方法是一种非参数估算方法,不需要假定具体的生产函数,只需要确定产出变量和投入变量即可,特别适合在生产函数不确定条件下的全要素生产率的估算。本书的 TFP 估算以 GDP 作为测算的产出变量,以劳动力数量和物质资本存量作为投入变量。

由于经济增长质量的测度涉及 15 个基础指标,量纲量级存在较大差异,无法直接使用原始数据进行计算,否则会影响结果的准确性。由于经均值化方法处理后的协方差矩阵能够消除各指标量纲与数量级的影响,且不改变各指标间的相关系数,保留了各指标变异程度的信息,因此本书选择用均值化方法对数据进行无量纲化处理。然后使用主成分分析方法对浙江省经济增长质量进行测度。以往学者确定主成分个数的依据多为:首先找到特征值大于 1 的主成分,然后选取主成分累计贡献率大于 85% 的前几个主成分,进而计算综合主成分指数值。如果仅从综合原始数据信息的能力来看,第一主成分是最强的(钞小静、惠康,2009),因此本书使用第一主成分来确定各指标的权重(具体计算结果见表 2.2-1 和表 2.2-2)。首先使用该方法计算出四个评价维度的指数值,然后再使用相同的方法计算浙江省经济增长质量的指数值。

具体计算方法如式(4)所示。

$$score = \sum \frac{\omega_i}{\sqrt{\lambda_i}} X_i \tag{4}$$

其中,$score$ 表示综合主成分指数值,ω_i 表示第一主成分系数,λ_i 表示第一主成分对应的特征值,X_i 表示经过无量纲化处理后的基础指标值。

表 2.2-1　各指标的特征值和方差贡献率

评价维度	成　分	初始特征值		
		合计	方差贡献率%	累计方差贡献率%
要素数量	1	1.96	98.21	98.21
要素质量	1	2.80	93.38	93.38
要素配置效率	1	4.53	56.60	58.60
	2	1.51	18.90	75.50
	3	1.26	15.74	91.24
技术创新	1	1.31	65.66	65.66
经济增长	1	3.72	92.90	92.90

资料来源:《中国统计年鉴》《浙江统计年鉴》、单豪杰(2008)和中央财经大学(2016)的研究数据,下同。

　　根据表 2.2-1 可知，要素数量与要素质量的第一主成分的累计方差贡献率均在 93% 以上，而要素配置效率和技术创新的第一主成分的累计方差贡献率均在 56% 以上，因此四个评价维度第一主成分综合原始数据信息的能力较强。根据各基础指标计算出的四个评价维度指数值来分析浙江省经济增长时，其结果表明第一主成分的累计方差贡献率为 92.90%，能够较强地综合四个评价维度的原始信息。由表 2.2-2 可知，经济增长的四个评价维度的权重差别较小，其中要素数量、要素质量和要素配置效率分别为 0.51、0.52 和 0.48，而技术创新的权重略小，为 −0.48。

表 2.2-2　各指标的权重指数

评价维度	基础指标	系　数	权　重
要素数量	资本存量	0.99	0.71
	劳动力数量	0.99	0.71
要素质量	人力资本	0.97	0.58
	资本生产率	−0.93	−0.56
	劳动生产率	0.99	0.59
要素配置效率	第一产业比较劳动生产率	−0.36	−0.17
	第二产业比较劳动生产率	−0.88	−0.41
	第三产业比较劳动生产率	−0.67	−0.32
	工业化率	0.96	0.45
	消费率	0.61	0.29
	投资率	−0.48	−0.22
	存贷款总额/GDP	0.91	0.42
	外贸依存度	0.91	0.43
技术创新	TFP 增长率	0.81	0.71
	专利授权量	−0.81	−0.71
经济增长	要素数量	0.99	0.51
	要素质量	0.99	0.52
	要素配置效率	0.93	0.48
	技术创新	−0.93	−0.48

2.2.2 浙江省经济增长质量的测度结果

基于上一章构建的测度方法与测度指标,本书对浙江省的经济增长质量进行了测度。

浙江省经济增长质量与效益的测度结果如表 2.2-3 所示。其中,经济增长总指数根据四个评价维度按权重加权求和得到,数量指数为经济增长总指数中数量增长所占的部分,即要素数量指数按权重加权得到。质量指数为经济增长总指数中质量增长所占部分,质量指数根据要素质量、要素配置效率与技术创新三个评价维度指数按权重加权求和得到。表 2.2-3 显示的要素质量、要素配置效率和技术创新数据均为按权重加权之和数据。由于质量总指数在部分年份为负值,所以用质量占比=质量总指数/(质量总指数绝对值+数量指数绝对值),以反映浙江经济增长中质量增长所占的比重。

总体上看,浙江省 1993—2014 年的经济增长质量指数、数量指数和总指数均呈稳步上升的趋势,从趋势上看,经济增长总指数与经济增长质量保持高度同步,但数量增长仍占较大比重。由表 2.2-3 可以看出,质量增长占比从 1996—1999 年的负值逐渐转变为正值,到 2014 年已达到 65%,即质量增长对浙江经济增长的贡献已超过一半,这也说明浙江省经济增长已从单纯的数量扩张转向质量提升。同时,我们还应看到,浙江省经济增长的数量指数仍占据较大比重,即现阶段要素投入数量的增加仍是浙江经济增长的重要推动力,这与浙江发展的特征事实较为吻合。一方面,浙江以民营经济为主体,劳动密集型产业占据主体地位,需要投入大量的劳动力资源;另一方面,在这种经济格局下,很容易出现相应的路径依赖现象,一旦经济出现波动,政府便倾向于扩大投资以促进经济发展。王美福和冯淑娟的研究显示,2001—2010 年浙江省常住人口中外来人口增加了 800 多万,到 2010 年已占常住人口的 21% 以上,这对浙江经济增长起到了非常重要的作用。另外,浙江省的投资也一直处于快速增长态势,1993 年浙江资本存量为 1154.96 亿元,到 2014 年已增长到 22096.32 亿元(均为 1985 年价),21 年间增长了 18.13 倍。此外,虽然浙江早在 20 世纪 80 年代便开始引进外商投资,但直到 20 世纪 90 年代外商投资才开始大量涌进,这也对 1993 年之后的浙江经济发展产生了重要的影响。近年来,虽然浙江经济增长的数量比重已低于质量比重,但仍起着重要作用。

表 2.2-3 浙江省经济增长的指数情况

年 份	经济增长总指数	数量指数	质量指数				
			质量总指数	质量占比	要素质量	要素配置效率	技术创新
1993	−0.96	0.36	−1.32	1.37	−0.21	−0.19	−0.92

续　表

年　份	经济增长总指数	数量指数	质量指数					
			质量总指数	质量占比	要素质量	要素配置效率	技术创新
1994	−0.59	0.37	−0.96	1.63	−0.19	−0.11	−0.66
1995	−0.40	0.39	−0.79	1.96	−0.16	−0.11	−0.51
1996	−0.01	0.40	−0.40	−84.36	−0.12	−0.10	−0.19
1997	0.05	0.42	−0.37	−8.07	−0.07	−0.07	−0.23
1998	0.16	0.43	−0.28	−1.80	−0.02	−0.07	−0.19
1999	0.26	0.45	−0.20	−0.77	0.03	−0.03	−0.19
2000	0.55	0.49	0.06	0.11	0.08	0.09	−0.12
2001	0.64	0.52	0.12	0.19	0.13	0.14	−0.14
2002	0.62	0.55	0.06	0.10	0.18	0.19	−0.30
2003	0.71	0.60	0.12	0.16	0.23	0.27	−0.38
2004	0.93	0.65	0.28	0.30	0.28	0.32	−0.32
2005	1.27	0.71	0.56	0.44	0.35	0.36	−0.15
2006	1.33	0.77	0.56	0.42	0.42	0.42	−0.27
2007	1.70	0.85	0.85	0.50	0.47	0.44	−0.06
2008	1.98	0.85	1.07	0.54	0.53	0.46	0.08
2009	2.45	0.98	1.47	0.60	0.61	0.45	0.40
2010	2.65	1.07	1.58	0.60	0.71	0.50	0.37
2011	3.11	1.15	1.96	0.63	0.81	0.51	0.64
2012	3.67	1.23	2.44	0.67	0.91	0.50	0.37
2013	3.93	1.31	2.62	0.67	1.00	0.51	0.64
2014	4.01	1.40	2.61	0.65	1.09	0.53	1.03

2.3　浙江省经济增长质量变动趋势分析

　　分时期看,1993—2006 年浙江经济增长的数量指数一直大于质量总指数,这在一定程度上说明了该时期浙江经济增长主要是靠要素数量驱动的,即通过扩大投资和就业人员数量来促进经济的增长,属于粗放型的增长模式。其中,1993—

1996 年,浙江经济增长的指数为负,这主要是因为该时期的质量指数为负,且中国为了实现经济的"软着陆",在该阶段实施紧缩性的宏观调控政策,受这一政策影响,浙江经济的数量增长指数较低,数量增长无法弥补质量下降的问题,从图 2.3-1 也可以看出,该时期浙江省的经济增长率处于显著下降态势,从 1993 年的 22%,一直下降到 1996 年的 12.7%,下降幅度较为明显。

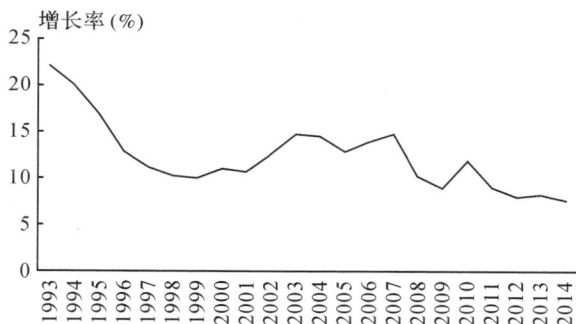

图 2.3-1　浙江省 1993—2014 年的经济增长率

2000 年之后,数量指数和质量指数都在不断增长,2007 年以后质量指数已超过数量指数,即浙江经济的增长已往质量增长的方向转变。1999 年以来,土地、资源和人力成本都在不断提升,投资对经济增长的作用已开始弱化,浙江经济正从投资推动向创新推动转变,浙江高新技术产业也正在向产业细化方向发展。2000 年之后,浙江经济的空间结构和产业调整也在稳步推进,这些都对浙江经济增长质量的提高起到重要推动作用。由表 2.2-3 可知,2001 年浙江经济增长中的质量占比已达到 19%,比上一年度增长了 0.08 个百分点,2007 年以后,质量占比均在 50% 及以上,到 2011 年已超过 60%,可以认为,浙江经济在向创新驱动发展的转型之中,已取得了重要成绩。

浙江经济增长质量指数的三个组成部分在 1999 年之前大多为负值,之后则全部为正值,且处于逐年增长之中。从三个组成部分占比来看,要素质量占的比重最大,基本处于持续增长态势。对这一情况的解释可能是,近年来,浙江省要素质量提升策略有了明显效果,如积极实施人才创新战略和高端要素聚集能力提升策略等。由图 2.3-2 可知,1993 年以来,浙江省的人力资本和劳动生产率一直在快速增长,对要素质量的提高起到了重要作用。但同时也出现另外一个问题,即资本生产率一直处于下降态势,因此浙江要素质量提升的动力主要来自劳动力质量的提升,浙江省人力资本对经济的提升作用大于物质资本的作用,这也与其他学者对浙江的研究较为吻合。要素配置效率占比在多数年份都处于中间水平,但 2005 年之后,要素配置效率的比重在缓慢下降,而技术创新却在逐年增长,到 2010 年已超过要素配置效率的比重。造成这一种情况的原因是,浙江经济结构的调整虽然取得了一定的成绩，但近年浙江产业结构调整面临着困境，高端产业占比偏低，另外还存在金融改革进展缓慢、对外贸依赖较大和消费率不高等问题，这些都制约了要素配置效率的进一步提高。虽然浙江早在 2000 年之前就开始从投资推动向创新推动转变，但技术创新占比直到 2011 年才超越要素配置效率占比。这主要是因为创新是一项缓慢的工作，且存在较大不确定性，经济向创新驱动转变更非短期可以完成的。虽然技术创新已占据较大比重，但如何保持并促进技术创新进一步提升，进而成为浙江经济增长质量的主要推动力，仍是浙江经济增长面临的重要任务。由此可以看出，要素配置优化和技术创新虽已取得一定进步，但仍是浙江经济增长质量提升的短板。

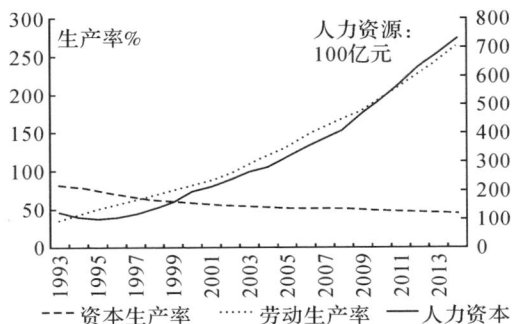

图 2.3-2　浙江省的人力资本、劳动生产率和资本生产率

2.4　结果分析

本部分在现有研究的基础上，从理论上将经济增长分解为数量的增长和质量的增长两个部分，其中质量的增长又包含了要素质量增长、要素配置效率提升和技术创新三个方面。基于理论研究，本书构建了一个测度经济增长质量的综合评价体系，并使用主成分分析法对浙江省 1993—2014 年的数据进行了实证测度，得出的主要结论与启示有：

（1）数量增长对浙江经济增长仍有着重要的影响。浙江省 1993—2014 年的经济增长质量指数、数量指数和总指数均呈稳步上升的态势，其中，经济增长总指数和质量指数在 1999 年之前的多数年份为负值，随后年份则全部为正值并逐年增加，而经济增长的数量指数则在全部年份都为正值，且处于连续增长状态。从总体上看，数量增长仍具有一定的影响力，是浙江经济增长不可或缺的部分。

（2）浙江经济增长正由数量驱动向质量驱动转变。2000 年之前，浙江经济的数量增长比重大于质量增长比重,经济粗放增长的模式较为明显,即经济增长主要依靠大量要素资源的投入,经济增长上的质量较低。随着浙江经济转型升级的推进,经济质量增长的作用逐渐显现,对经济增长的影响已赶超数量增长的影响,到2010年以后,质量增长比重已超过60%,占据绝对优势地位。另外,从增长趋势上看,浙江经济增长总指数也与经济增长质量指数保持着高度同步。

(3)要素质量提升是浙江经济质量增长最重要的推动力,其中,劳动力质量的作用大于资本质量的作用。要素质量在经济增长质量中的占比在绝大多数年份中都处于第一位置,特别是2003年之后一直都处于领先位置。进一步分析显示,劳动力的生产率和人力资本水平一直处于上升态势,而资本生产率却出现了大幅度下降,这也在一定程度上显示了劳动力质量提升对浙江经济质量增长的重要作用。

(4)要素配置效率对经济增长质量提升的作用在下降,技术创新的作用在凸显。要素配置效率在多数年份都占据着第二的位置,但随着浙江经济的不断发展,经济结构调整的难度在不断增加,对经济质量的提升作用也因此不断下降。自2005年起,要素配置效率占经济质量增长的比重已在逐渐下降,从最高位的50%以上降至2014年的20%。另一方面,技术创新对浙江经济增长质量的推动作用虽在很长一段时间都处于落后状态,但到2010年,已超过要素配置效率,成为经济质量增长的崭新推动力。

从上述研究结论可知,浙江经济增长仍需一定的要素数量投入,但在经济增长质量越来越重要的今天,浙江经济应切实改变传统的增长模式,突破"路径依赖",寻找经济增长的新动力源。首先,应增加人力资本投入,因为提升劳动力质量仍是提升经济增长质量的重要保障;其次,在不断增加投资的同时,如何提升资本的质量也是浙江经济发展面临的重要挑战;再次,要素配置效率对浙江经济增长质量的提升已出现了瓶颈,因此加快经济结构调整,提升要素配置效率成为浙江经济亟待解决的关键问题之一;最后,技术创新的重要性逐步显现,这对浙江经济转型发展的技术含量也提出了更高的要求。

3 浙江省经济增长质量与数量的耦合分析

改革开放以来,中国经济高速发展创造了举世瞩目的增长奇迹。然而,长期的政府主导、高能耗、价值链低端加工等发展方式也导致了许多问题,如经济结构失衡、贫富差距拉大、资源环境恶化等,严重制约了中国经济持续健康发展。在新常态下,政府和学界也越来越多地转向质量视角以重新审视中国经济增长。在中国经济进入新常态的同时,浙江经济增长率也由 1993 年的 22% 下降到 2014 年的7.6%,原有的传统增长动力正在逐步减弱,新的增长动力还处在重构之中,因此经济持续增长面临严峻挑战,亟须加快推进经济增长动力转换步伐,实现高质量、高效益、可持续增长模式的转变。那么,现阶段浙江省的经济增长质量发生了何种变化?经济增长质量和数量的协调发展情况如何?对上述问题的研究,有助于科学判断浙江省经济发展的整体特征,且利用耦合机制分析浙江经济增长质量和数量的耦合情况,还能为政府制定未来发展政策提供统计依据与经验支撑。

3.1 文献综述

自古典经济学以来的经济增长理论,多从经济增长的源泉、动力和形成机制视角分析经济增长问题,即经济增长的数量。而经济增长质量则是相对于经济增长数量而言的另一个研究范畴,学者多从狭义与广义两个视角进行研究。狭义的经济增长质量,是从要素投入比例及经济增长效率方面界定的。如卡马耶夫从要素利用效率界定经济增长质量,刘亚建和康梅则从增长效率方面界定。王积业和章祥荪等分别从要素生产率的增加和全要素生产率方面进行研究,而郑玉歆提出全要素生产率存在局限性难以全面反映生产要素的经济效果。广义的经济增长质量则是从社会的各个方面综合分析的。托马斯认为,除却增长速度外,还应从教育、环境和福利等方面来提高经济增长质量;而 Barro 则把与经济增长紧密相关的社会、政治及宗教等问题考虑在内。不同学者的界定不同,彭德芬、肖欢明分别从不同的经济结构、生活水平及环境等方面的优劣程度所体现的经济发展情况来界定;钞小静等则是从经济增长结果的四个不同维度进行测度;叶初升等从经济发展视角界定其是在增长过程中所蕴含的经济发展。

经济增长质量的测算方法主要有熵值法、因子分析法及主成分分析法,以及几种方法的结合或与主观测度的结合。熵值法是通过计算指标的信息熵值确定权重,利用相关公式得到综合得分的一种方法,单薇和刘小瑜等用该方法或与其他方法结合测度中国或区域的经济增长质量。因子分析法是提取若干公因子代表多维指标进行综合评价的一种方法,刘海英等、刘燕妮等和李荣富等用因子分析法与主观打分及时序因子分析测度经济增长质量。主成分分析法是用几个综合指标代替原始较多的基础指标,且用第一主成分方法进行测算的一种方法;钞小静等、毛其淋和文建东等采用该方法测了中国不同时段和地区的经济增长质量。

经济增长的质量和数量是经济增长的两个方面,它们的协调发展构成了经济增长的发展轨迹;耦合分析是指计算两个或两个以上子系统间相互影响的协调发展情况,通过对经济增长数量与质量系统性耦合分析,更好地掌握经济质量和数量在经济增长过程中的偏离情况和促进作用。具体的实证分析有:王薇等将1978—2014年中国经济增长数量和质量进行耦合,得出经济增长数量和质量有阶段性特征;在改革开放初期,数量和质量处于低发展度下的"虚假耦合"状态;在新常态时期,呈现高发展度下的失调状态。程承坪等对湖北省的经济增长质量和数量进行耦合分析,得出湖北省目前的经济处于低耦合阶段,数量增长高于质量增长。

本书在已有研究的基础上,将经济增长质量的内涵界定为经济结构、有效性、稳定性、福利分配和资源环境五个方面,以选择合适的统计指标构建经济增长质量的测度体系,并借助主成分分析法对1993—2014年浙江省经济增长质量和数量进行实证测度。然后借鉴逯进的研究,构建耦合模型对浙江省经济增长质量和数量进行耦合值测度和分析,通过深入分析浙江省经济增长质量的具体特征、质量与数量的耦合机制等,提出浙江提升未来经济发展质量的政策建议,以为政府政策制定提供参考借鉴。

3.2 经济增长质量和数量的测度:主成分分析法

3.2.1 指标体系及数据来源

测度经济增长质量与数量的指标体系及计算方法如表3.2-1所示。其中,经济增长质量包括经济结构、有效性、稳定性、福利分配和资源环境五个评价方面。经济结构通过改善资源配置影响经济增长质量;有效性可以改变要素的组合及经济发展方式,进而影响经济增长质量;稳定性有助于抑制经济波动;福利分配通过人力资本积累和经济运行成本影响经济增长质量;资源环境通过增长的生态环境成本和资源的重复利用影响经济增长质量。

表 3.2-1　指标体系及计算方法

总体指标	方面指标	基础指标	属性	计算方法
经济增长质量	经济结构	工业化率	＋	非农业就业/全社会就业人数
		第一产业比较劳动生产率	＋	(一产/GDP)/(一产就业人员/就业人员)
		第二产业比较劳动生产率	＋	(二产/GDP)/(二产就业人员/就业人员)
		第三产业比较劳动生产率	＋	(三产/GDP)/(三产就业人员/就业人员)
		消费率	＋	资本形成总额/支出法 GDP
		投资率	＋	最终消费支出/支出法 GDP
		M2/GDP	＋	贷款余额/GDP
		进出口总额/GDP	＋	进出口总额/GDP
	有效性	劳动生产率	＋	实际 GDP/全社会就业人数
		资本生产率	＋	实际 GDP/资本存量
		全要素生产率	＋	根据 DEA-Malquist 指数法测算得到
	稳定性	经济波动系数	－	(本年经济增长率－上年经济增长率)/上年经济增长率
		通货膨胀率	－	居民消费价格指数 CPI
		失业率	－	统计数据
	福利分配	人口死亡率	－	统计数据
		人均住房面积	＋	城镇居民人均住房面积
		城乡收入比	－	城市人均可支配收入/农村人均纯收入
		泰尔指数	－	泰尔指数计算公式
		劳动者报酬占比 GDP	＋	劳动报酬/收入法 GDP
	资源环境	单位 GDP 的能耗	＋	能源消耗/实际 GDP
		单位 GDP 固体废弃物	－	固体废弃物/实际 GDP
		单位 GDP 废气排放量	－	废气排放量/实际 GDP
		单位 GDP 废水排放量	－	废水排放量/实际 GDP
经济增长数量		总量 GDP	＋	实际 GDP
		人均 GDP	＋	实际 GDP/人口总数

本书数据来源于历年的《中国统计年鉴》和《浙江统计年鉴》，数据区间为1993—2014年，且以1985年价格为基期计算各指标的实际值。部分指标的计算说明如下：资本存量借鉴单豪杰的研究，采用永续盘存法进行估算；全要素生产率，则以实际 GDP 为产出、以劳动力和资本存量为投入，并利用 DEA-Malmquist 指数法进行测算；由于 M2 数据无法直接获取，使用贷款余额来代替。

3.2.2 浙江省经济增长质量和数量测度结果

本书使用主成分分析法测度浙江省经济增长质量和数量，首先对原始指标进行均值化以进行无量纲化处理，并对逆指标取倒数。借鉴钞小静等的研究，使用第一主成分来确定各指标的权重，进而求得经济增长质量五个方面的指标数值，并以同样的方法计算经济增长质量及数量的指数值。浙江省经济增长质量的测度结果如表 3.2-2 所示。

表 3.2-2　浙江省 1993—2014 年经济增长质量与数量的测度结果

年份	经济结构	有效性	稳定性	福利分配	资源环境	增长质量	增长数量
1993	3.2983	1.3749	−0.0354	−1.1813	0.1068	0.2910	0.3799
1994	3.2920	1.0855	−0.0269	−0.5813	0.1321	0.5396	0.4544
1995	3.0416	0.8953	−0.0422	−0.9943	0.1477	0.4069	0.5291
1996	2.9975	0.5349	−0.0901	−1.2212	0.1832	0.4397	0.5947
1997	3.0291	0.5311	−0.2534	−1.1880	0.2107	0.4833	0.6590
1998	3.0447	0.4601	2.3790	−0.8136	0.1700	0.3226	0.7245
1999	3.0014	0.4389	0.6058	−0.4800	0.1958	0.6036	0.7952
2000	3.6848	0.3405	−0.7112	−0.3057	0.2135	1.0210	0.8631
2001	3.8567	0.3318	3.5710	−0.0597	0.2229	0.6903	0.9497
2002	4.1411	0.4600	0.7930	0.6083	0.2360	1.2242	1.0641
2003	4.5621	0.5198	−0.3744	0.7489	0.2810	1.5048	1.2106
2004	4.7610	0.4210	−0.1657	0.9493	0.3056	1.6289	1.3768
2005	4.9372	0.2405	−0.5470	1.1892	0.2905	1.8320	1.5432
2006	5.0809	0.3806	−0.6460	1.3163	0.3278	1.8919	1.7443
2007	5.0715	0.2515	−0.1662	1.2900	0.6931	1.9543	1.9853
2008	5.0664	0.1705	−0.1424	1.2255	0.6929	1.9536	2.1745
2009	5.1816	−0.0688	0.4767	1.2912	1.2803	2.1468	2.3548

续　表

年份	经济结构	有效性	稳定性	福利分配	资源环境	增长质量	增长数量
2010	5.3138	0.1799	−0.1876	1.2679	0.6777	2.0359	2.5965
2011	5.3018	−0.0472	−0.1317	1.3213	3.1530	2.7062	2.8262
2012	5.3201	−0.1213	−0.3226	1.3308	2.9649	2.7082	3.0488
2013	5.2735	−0.1653	−0.3011	1.0275	2.2231	2.4377	3.2930
2014	5.3168	−0.2186	−0.3369	1.0911	2.8127	2.6301	3.5403

根据表 3.2-2 可知,从总体上看,浙江省的经济增长质量和数量均保持平稳增长趋势,但经济增长质量的五个方面则有着不同的变化趋势。其中,经济结构的数值相对于其他四个方面的数值为最大,这说明浙江省经济增长质量较多地依靠经济结构的改善来提升;1993—1999 年经济结构处于下降阶段,说明该阶段经济结构失衡,导致经济效率下降;而在 2000—2005 年间则不断上升,即经济结构在不断改善,有利于资源有效配置,进而提高经济增长效率;2006—2014 年间经济结构数值基本保持不变,这可能是因为该时期经济结构进一步优化的难度较大。有效性在 2008 年之后多为负值,这主要是由资本生产率和全要素生产率下降引起的,其原因可能是浙江省在金融危机之后投资持续乏力,技术创新也存在较大困难。由于影响我国经济波动的主要因素是政策变动而不是技术变革,因此在受到亚洲金融危机和次贷危机冲击后,政府政策出现了重大变动,进而导致了稳定性在 1998—2002 年和 2008—2010 年间波动较大。福利分配在 1993—2001 年间为负值,主要是因为收入分配存在着严重不平等问题,即经济增长的成果可能仅被少数人取得;福利分配在 2002—2014 年为正值且不断增加,这说明浙江省在福利分配方面有所改善,进而有利于创造和谐的外部环境,促进经济增长。资源环境在 1993—2010 年间一直处于较低水平,这主要是因为前期粗放型的经济发展模式是以资源消耗和环境污染为代价的,高昂的增长成本导致持续发展困难重重。

分时期看,1993—2001 年浙江经济增长质量和数量基本都低于 1,属于数量型增长;在 2002—2007 年出现了短暂的质量提升,这主要是由经济结构调整和福利分配改善引起的;在 2008—2014 年则再次进入数量型增长,数量增长再次超越质量增长。进一步地分析则显示,增长质量的下降主要是由稳定性和有效性两方面持续下降导致的。为了进一步分析浙江省经济增长质量和数量之间的关系,以探寻浙江省经济增长质量提升的政策,下文将对浙江省经济增长的数量和质量进行耦合分析,以研究经济增长质量和数量之间相互作用的机理及协调发展机制。

3.3 经济增长质量和数量的耦合分析

3.3.1 耦合机制的理论分析

耦合分析是指对两个或两个以上的系统进行综合而全面的分析，以明确不同系统之间的协同变化关系。耦合包括系统发展和系统协调两个方面，系统发展是指各个子系统的发展水平所组合形成的总系统发展水平，系统协调是指子系统之间的关系。本书将经济增长质量和经济增长数量分为经济增长的两个子系统，以进行耦合分析。令 $f(x)$ 和 $g(x)$ 分别代表经济增长的质量和数量综合指数，进行耦合分析时还需定义经济增长的发展度、经济增长的协调度和经济增长的耦合度三个指标，具体为：

(1)经济增长的发展度(T)，本书借鉴逯进等的发展度函数对经济增长的发展度进行测度，具体测度公式为：

$$T = \lambda f(x)^\alpha g(y)^{1-\alpha}$$

其中，λ 为外生参数，$\alpha,1-\alpha$ 分别表示经济增长质量和数量子系统的产出弹性，反映二者对于经济增长的重要性；本书认为两者同样重要，故取 $\alpha=0.5$。

(2)经济增长的协调度(C)，本书借鉴廖重斌的偏离度系数来测度协调度，具体的偏离度系数函数为：

$$C = f(x)g(y)^k/\{[f(x)+g(y)]/2\}^{2k}$$

其中，k 为调节系数，C 表示经济增长质量与数量两个子系统的平均偏离程度，数值越小两者偏离越小，越利于经济持续增长。

(3)经济增长的耦合度(D)，耦合度是指子系统间发展和协调度的综合趋势，本书借鉴廖重斌耦合度公式进行计算：

$$D = \sqrt{T \cdot C}$$

经济增长质量和数量作为经济增长体系中的两个子系统，在增长过程中相互作用和影响，因此本书将耦合原理引入经济增长质量和数量的分析，具体耦合机制可以通过图 3.3-1 表示。

借鉴逯进等和程承坪等的研究可知，经济增长质量和数量在经济发展初期的 A 点初始耦合，之后则采取大量的要素投入（劳动和资本等资源）来发展经济以达到 B 点，相对于经济增长质量而言，此时经济数量增长发生了较大的偏离，即进入粗放型数量增长阶段。而随着经济增长数量的大幅提升，教育和科技也在不断地改善，因此经济会出现短暂的质量性提升（BC 间所示）。之后数量增长仍占主导

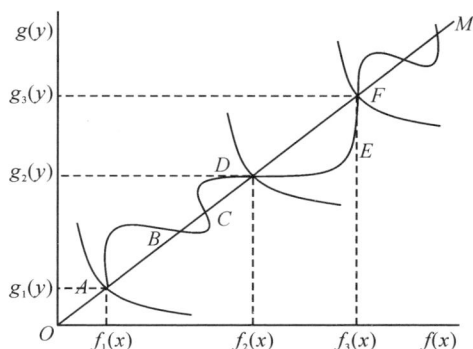

图 3.3-1　经济增长质量和数量的耦合机制

地位,但随着物质的增长,人们对增长有了新的要求,会注重持续性增长,从而达到新的平衡点 D 点。而随着人口红利的消失、资源环境制约等一系列问题的出现,国家便更加注重集约型发展模式的构建,即达到 E 点,相对于经济增长数量而言,此时经济增长质量发生了较大偏离,经济进入质量增长阶段。在质量增长阶段,经济结构的不断优化、资源的高效利用等不仅提升了增长质量,同时也提高了数量增长,进而使经济达到更优的 F 点,之后经济则会绕着 OM 线波动,但波动趋势越来越小,无限接近于 OM,此时经济增长数量和质量也实现了良好的耦合,进而促进经济持续健康增长。

综上可知,经济增长数量与质量的耦合跃迁,构成了经济发展系统协调发展演进的趋势,并演绎了两种不同的耦合跃迁阶段: $f_1(x) - f_2(x)$ 和 $f_2(x) - f_3(x)$,第一个阶段为经济增长数量主导的粗放型增长阶段,第二阶段为经济增长质量主导的集约型增长阶段。而作为耦合跃迁的门槛点 D 点,该如何选择至关重要,这也是经济进入集约型发展阶段或粗放型发展阶段的另一个波动起点。

3.3.2　浙江省经济增长质量和数量的耦合分析

(1)耦合度分析

根据前文对浙江省经济增长质量和数量两个子系统的计算,并利用上述公式对经济发展度、协调度和耦合度进行计算和分析,得出了浙江省经济增长质量和数量的具体耦合值(表 3.3-1)与耦合情况(图 3.3-2)。

表 3.3-1　浙江省 1993—2014 年经济增长的耦合值

年份	发展度	协调度	耦合度	年份	发展度	协调度	耦合度
1993	0.3325	0.9824	0.5716	2004	1.4976	0.9930	1.2194
1994	0.4952	0.9926	0.7011	2005	1.6814	0.9927	1.2919
1995	0.4640	0.9829	0.6753	2006	1.8166	0.9984	1.3467

年份	发展度	协调度	耦合度	年份	发展度	协调度	耦合度
1996	0.5114	0.9776	0.7070	2007	1.9698	0.9999	1.4034
1997	0.5643	0.9763	0.7423	2008	2.0611	0.9971	1.4336
1998	0.4834	0.8526	0.6420	2009	2.2483	0.9979	1.4978
1999	0.6928	0.9812	0.8245	2010	2.2992	0.9854	1.5052
2000	0.9388	0.9930	0.9655	2011	2.7656	0.9995	1.6626
2001	0.8097	0.9750	0.8885	2012	2.8734	0.9965	1.6921
2002	1.1414	0.9951	1.0657	2013	2.8333	0.9777	1.6644
2003	1.3498	0.9883	1.1550	2014	3.0515	0.9782	1.7277

根据表 3.3-1 的测度结果,可将浙江省经济增长数量和质量的耦合状态分为两个阶段,即 1993—2001 年与 2002—2014 年。1993—2001 年,经济增长数量和质量的协调度、发展度以及耦合度值均小于 1,其中协调度高于发展度,即经济增长质量和数量之间偏差较大,耦合度处于低水平数量耦合阶段。2001 年之后,经济增长的发展度和耦合度值均大于 1,且协调度较小并处于下降趋势,这说明经济增长质量和数量偏离情况有所好转;这期间,发展度有着大幅度增加,且高于协调度,两者差距不断增大;耦合度则在两者共同作用下呈缓慢增长态势,经济增长数量和质量相互磨合,耦合度总体趋势仍处于数量耦合阶段。总体来看,浙江省经济增长的耦合情况在不断改善。

（2）适宜性分析

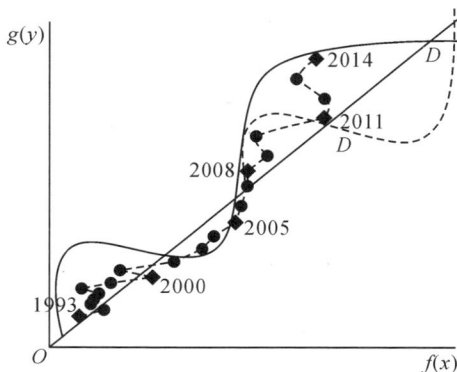

图 3.3-2　浙江省 1993—2014 年经济增长质量和数量耦合情况

根据图 3.3-2 可知,浙江省经济增长质量和数量的耦合度始终处于持续上升态势,且二者共同促进作用不断增强,但耦合绝对值水平相对较低。结合图 3.3-1

和图 3.3-2 可知,浙江省经济增长质量与数量系统耦合度仍处于 $f_1(x) - f_2(x)$ 段,即数量增长阶段,且即将进入门槛点 D 点。因此,如何推进经济从粗放型数量发展阶段跃迁到集约型质量发展阶段,将成为新常态下浙江面临的重要挑战,因此下文将利用适宜性理论对浙江省经济增长质量和数量的耦合跃迁模式进行分析。

1993—2000 年经济增长质量和数量都处于较低阶段,同时也具有较低的系统耦合度,该阶段经济增长数量高于经济增长质量,且协调度大于发展度,属于偏向经济增长数量的耦合阶段。这主要是因为 1992 年后浙江省抓住了大力推进市场经济改革的历史机遇,大力推进民营与外向经济发展,经济数量得到跨越式增长;另一方面,在适度从紧的宏观环境下,结构获得持续调整,经济增长质量逐步提升。2001—2007 年浙江省经济增长质量和数量都得到较快发展,其中经济增长质量高于经济增长数量,发展度快速增长且大于协调度,出现偏向经济增长质量的耦合阶段。出现这一情况的可能原因是,我国在 2001 年加入世贸组织后,浙江的产品出口和外企投资成为经济增长的新动力,且随后提出的科学发展观也使得浙江更加注重资源的有效利用和生态环境的保护,进而使得经济增长进入了短暂的集约型质量增长阶段。2008—2014 年浙江省经济增长数量大于经济增长质量,发展度与协调度差距进一步拉大,使得浙江再次进入数量增长阶段。这可能与 2008 年的金融危机有关,浙江省经济快速增长下所隐藏的发展不平衡、要素利用效率低、过度依赖外部需求与经济结构失衡等问题逐步显现,进而进入了经济增长速度下滑、亟须结构调整的新阶段。现阶段,浙江省虽在大力推进产业结构优化,但产业中低端地位并没有发生根本性变化,投入产出效率不高,因此经济增长质量缓慢且低于数量的增长。其中,值得注意的是,2011 年之后的耦合值没有沿着既定的轨迹曲线(虚线)进入 D 点,这说明浙江省的经济增长仍处于数量增长阶段。根据现有的轨迹曲线(实线)可知,浙江省即将进入由粗放型数量耦合阶段跃迁为集约型质量耦合阶段的门槛点(D 点),因此,政府应切实注重经济增长质量子系统对综合系统协调发展的促进作用,实现经济增长系统耦合的协调发展,最终实现经济增长质量的不断提升。

3.4 结论建议

本书在现有研究的基础上,将经济增长质量分为经济结构、有效性、稳定性、福利分配和资源环境五个方面,通过构建测度经济增长质量和数量的指标体系,并使用主成分分析法对浙江省 1993—2014 年的数据进行了测度。然后根据耦合机制

的理论与实证分析方法,对浙江省经济增长质量和数量的耦合发展规律及其跃迁模式进行分析,得出的主要结论有:

(1)2007 年之前,浙江省经济增长质量与数量长期处于交织粘连状态,之后,经济增长的数量偏向特征明显。从经济增长质量和数量的总体变动趋势来看,两者呈现出持续交替递增的趋势,2001 年之前,经济增长质量略小于经济增长数量,2001—2007 年,经济增长质量大于经济增长数量,在 2008 年之后经济增长数量再次超过经济增长质量。该特征也说明浙江省经济增长新旧动力仍处于交替转化之中,经济质量型增长模式还有待进一步培育构建。

(2)经济结构和福利分配是浙江省经济增长质量提升的重要推动力,资源环境的作用则在近些年出现了显著提升。从经济增长质量五个维度来看,经济结构和福利分配逐渐增长,对经济增长质量提升起着重要作用;有效性方面,资本生产率和全要素生产率下降导致的经济增长效率低下,制约了经济增长质量的提升;稳定性方面一直呈现出负向波动特征,由于自然灾害及经济危机等社会问题使得经济出现波动,促使价格水平发生波动,经济整体运行不稳定,影响了经济增长质量提高;资源环境方面变化较为明显,近几年浙江省不断加大环境治理力度和资源利用效率,促进了经济增长质量的提升。

(3)浙江经济增长质量与数量已从低耦合阶段转变为高耦合阶段,现阶段高耦合数量型增长特征明显。从经济增长数量和经济增长质量的协调度、发展度及耦合度来看,在 1993—2001 年,浙江省的经济增长处于低耦合发展阶段,但随着两者的不断发展,耦合度也在不断攀升。在 2011 年之后则出现偏离发展轨迹的现象,进而导致经济增长再次进入数量增长主导阶段。

(4)浙江经济即将越过跃迁门槛点,进入高耦合质量型增长趋势显现。从趋势上看,浙江经济即将进入跃迁门槛点,未来极有可能出现高耦合质量型增长阶段,因此浙江在持续探索跃迁模式的同时,应强化自主创新能力提升机制以转变增长动力,避免陷入高耦合数量型增长困境。

4 浙江省经济增长质量提升动力研究:资本要素视角

在经历长期高投资的情况下,2014 年浙江省的资本存量已接近 6 万亿元。虽然劳动力数量也在持续增长,但由于其增长速度低于资本存量的增速,且近年来劳动力增长明显放缓,如 2014 年浙江省劳动力增长速度仅为 0.14%,因此浙江省资本深化程度在不断加深。依据古典经济学理论,在技术水平保持不变的条件下,浙江省将面临资本边际产出不断下降的困境。而现实情况则是,作为发展中大国,中国的技术创新对经济的支撑能力较弱,那么作为中国经济发展典型省份之一的浙江,如果其技术创新也无法对经济产生明显的促进作用,那么资本回报率将在资本深化的影响下快速下滑。近些年来,世界经济波动越来越频繁,周期越来越短,作为外向发展程度较高的浙江经济,在世界经济衰退时期,面临着严重的出口和引资问题,因此经济发展会随外部环境的变化而发生波动,那么这种周期性波动是否也对浙江的资本回报率产生了重要影响?

在投资驱动型发展模式尚未完全转型,新的增长模式还未形成之前,如果浙江的资本回报率出现剧烈下降,势必影响到社会投资的积极性,进而带来投资的下降和经济的快速下滑。在本次世界性经济危机的影响还远未消退之际,再加上中国已步入新常态,伴随着劳动力增长的放缓和生产成本的快速提升,浙江省经济增长原有的两大优势(成本和劳动力数量)逐渐消失殆尽,而新的发展动力还未培育完善,浙江经济已到了转型发展的关键时期。因此对浙江资本回报率的测度及其影响因素进行研究,有助于更好地理解浙江经济发展的动力和困境所在,进而为探索经济增长的新型动力源和转型发展路径提供理论依据与现实参考。

4.1 文献综述

许多学者都对中国的资本回报率进行过测度,但由于不同学者采用的测度方法存在差异,因此测度结果出现争议也就在所难免。Shan(2006)、Kuijs(2005)、Bai(2006)等学者基于宏观数据,较早地对中国资本回报率进行了研究,但对测度结果发生过激烈争论。近几年学者的测度结果大多认为中国的资本回报率处于较高水平(徐建国、张勋,2013;贾润崧、张四灿,2014)。当然也有学者持不同意见,如方文全(2012)就认为中国的资本回报率并没有处在一个较高的水平,他对折旧率进行修正,测度出的结果略低以往学者的研究,但从趋势上看,资本回报率仍处在上升状态。也有学者基于微观层面的企业数据进行研究,Lu et al.(2008)、舒元等(2010)、邵挺(2010)等的研究都认为中国有着较高的资本回报率。以上学者大多认为,由于受到美国次贷危机的影响,2008年之后中国的资本回报率出现了一定的波动,下降趋势开始显现。

部分学者认为二元经济特征是中国存在较高资本回报率的原因,如刘晓光和卢峰(2014)的研究,他们指出中国农业劳动力的转移是资本回报率上升的原因之一。类似地,Song(2011)的研究显示,大量工人从国有部门向非国有部门转移是中国保持较高回报率的重要原因。白重恩和张琼(2014)也发现第二和第三产业比重上升对中国资本回报率的提高有着显著影响。但劳动力的转移应与技术溢出效应结合在一起才能合理解释中国资本回报率的上升现象(刘晓光、卢峰,2014),因此技术对资本回报率的影响也是学者研究的重要方向。如 Barro,Sala-I-Martin(2004)认为技术溢出效应可以减缓资本边际报酬的影响,Li et al.(2011)的研究也有类似结论。在中国资本深化持续升高的过程中,技术进步是促进资本回报率提升的重要推动力(黄先海等,2012)。方文全(2012)认为技术进步会带来资本份额的提升,进而促进了中国资本回报率的上升。

尽管以往研究显示中国有着较高的资本回报率,但次贷危机之后出现的一定幅度的下降已越来越被学界所认同。之前经济的高速增长掩盖了高投资率对资本回报率的负面影响,虽然 Gordon(1999)认为资本深化与资本回报率之间的关系是不确定的,但部分研究却显示中国资本存量增长较快,不利于资本回报率的稳定提升(杨君、肖明月,2015)。另外,经济波动对资本回报率也会产生重要影响(卢峰,2007),因此,在经济波动更趋频繁的时期,对资本回报率变动进行研究更具现实意义。

已有研究虽对中国资本回报率进行了较为丰富的研究,但缺乏浙江省级层面数据的分析,且相关研究较少涉及周期性波动对资本回报率的影响。本书首先对浙江省资本回报率进行实证测度,然后基于资本回报率的理论分解模型,对浙江省资本回报率变动的影响因素进行分析。

首先借鉴 Bai(2006)的方法,基于宏观数据,对浙江省1990—2014年的资本回报率进行测度,并以此衡量资本要素质量提升。本书数据全部来源于中国统计局网络数据库和历年《浙江统计年鉴》；其中，资本存量数据基于浙江省历年资本形成数据，使用永续盘存法进行估算，借鉴单豪杰（2008）的研究，资本折旧率取 10.96％；计量部分数据均取自然对数处理。浙江省资本回报率的具体情况如图 4.1-1 所示。

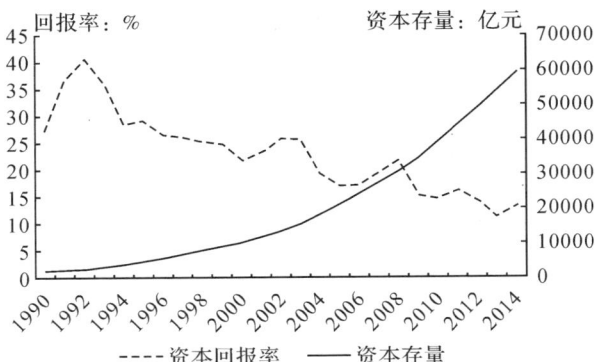

图 4.1-1 浙江省的资本回报率和资本存量

总体上看，浙江省资本回报率呈不断下降的趋势，从 1992 年的 40.75％下降到 2014 年的 13.34％，下降趋势较为明显。2000 年之后，浙江省资本回报率的波动周期明显变短，出现这一现象的原因可能是，2000 年网络经济泡沫破裂之后，世界经济运行存在较大的波动性，而浙江经济开放程度较高，与世界经济的联系密切，因此受外部环境影响较大。其中，美国爆发次贷危机以来，浙江的资本回报率更是大幅度下降到 15％以下，2013 年仅为 11.20％，为历年最低水平。

在资本回报率下降的同时，资本存量呈现出快速增长的状态，从 1990 年的 1976.95 亿元增长到 2014 年的 59167.03 亿元，增长了近 30 倍。资本产出比（资本存量与 GDP 的比值）已由 1990 年的 1.11 上升到 2014 年的 2.38，这也说明了浙江省经济增长对投资的依赖程度较高，"投资驱动型"的增长特征十分明显。根据古典经济学理论，资本的积累会导致收益的快速下降，因此浙江省资本回报率的下降在很大程度上可能是由于资本存量的增长。为了揭示资本存量及其他因素对浙江省资本回报率的影响程度，本书将对资本回报率的变化做进一步分析。

4.2 理论机理

本书借鉴黄先海等（2012）的研究，通过建立 CES 生产函数并进行微分与偏导计算，对资本回报率的变动进行了分解，具体的分解模型为：

$$\frac{\dot{r}_t}{r_t} = \frac{\dot{A}_t}{A_t} + \rho \frac{(K_t/L_t)\dot{}}{(K_t/L_t)} \tag{1}$$

其中 r 为资本回报率，A 为技术进步，K 为资本存量，L 为劳动力数量，ρ 表示资本边际产出关于资本的弹性系数，$\dfrac{\dot{r}_t}{r_t}$ 表示资本回报率的增长率，其他变量该种形式的含义与之类似，$t=1,2,3,\cdots,T$。

式（1）没有考虑到资本回报率变动的周期性波动，为了更加真实地反映资本回报率的变动情况，本书将资本回报率的周期性波动项引入模型（1），即：

$$\frac{\dot{r}_t}{r_t} = \frac{\dot{A}_t}{A_t} + \rho\,\frac{(\dot{K_t/L_t})}{(K_t/L_t)} + \frac{\dot{r}_t^c}{r_t^c} \tag{2}$$

其中，r^c 表示波动项。r^c 可以通过求解式（3）的最小值得到，如下所示：

$$\min \sum_{i=1}^{T} \left\{ (r_t - r'_t)^2 + \lambda \sum_{i=1}^{T} \left[(r'_{t+1} - r'_t) - (r'_t - r'_{t-1}) \right]^2 \right\} \tag{3}$$

式（3）中的 r' 表示资本回报率的趋势项。资本回报率的周期性波动 $\left(\dfrac{\dot{r}_t^c}{r_t^c} \right)$ 可以通过 Hodrick-Prescott 滤波方法进行估算，资本深化的变动 $\left(\dfrac{(\dot{K_t/L_t})}{(K_t/L_t)} \right)$ 可通过资本存量与劳动力数据计算得到，因此如能够估算出 ρ 的数值，便可计算出资本深化变动对资本回报率的影响 $\left(\rho\,\dfrac{(\dot{K_t/L_t})}{(K_t/L_t)} \right)$，然后根据式（2）便可以计算出技术进步的影响 $\left(\dfrac{\dot{A}_t}{A_t} \right)$。因此，首先应对资本边际产出关于资本的弹性系数 ρ 进行估算。

4.3 实证分析

本书通过建立向量自回归模型（VAR）分析变量之间的协整关系，在变量之间存在协整关系的基础上，使用动态最小二乘法进行实证估算。首先进行平稳性检验，结果如表 4.3-1 所示。

表 4.3-1 单位根检验结果

变量	r	k	l	Δr	Δk	Δl
T 值	−0.59	−3.77**	−0.92	−6.45***	−4.78***	−2.66*
单位根	是	否	是	否	否	否

注：*，** 和 *** 分别表示在 10%、5% 和 1% 的显著水平。

单位根检验显示原数据中只有 k 是平稳的,一阶差分的后三个变量均为平稳的,因此可以进行协整分析。根据滞后期检验结果(见表 4.3-2),本书选择建立滞后 2 期的 VAR 模型,同时,为确保所建立模型的准确性,进一步进行 LM(2)和 AR 根检验。检验结果显示 LM(2)=7.17,P=0.62,说明残差序列不存在自相关;AR 根如图 4.3-1 所示,根的模的倒数全部在单位圆之中,据此判断可以使用滞后 2 期的 VAR 模型进行分析。

表 4.3-2 滞后期选择检验结果

滞后期	LogL	LR	FPE	AIC	SC	HQ
0	25.07	NA	2.95e-05	−1.91	−1.77	−1.88
1	145.32	198.67	1.87e-09	−11.59	−11.00	−11.44
2	177.24	44.41*	2.68e-10*	−13.59*	−12.55*	−13.32*

注:* 表示应选择该数值对应的滞后期。

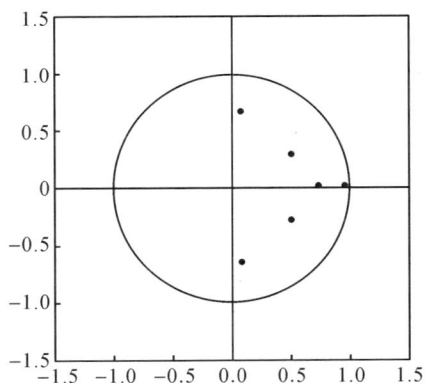

图 4.3-1 AR 根检验结果

表 4.3-3 Johansen 检验结果

原假设	特征值	迹统计量	5%临界值	P 值
没有*	0.63	29.35	24.28	0.01
最多1个	0.29	7.54	12.32	0.27
最多2个	0.003	0.07	4.13	0.82
原假设	特征值	最大特征值	5%临界值	P 值
没有*	0.63	21.82	17.79	0.01
最多1个	0.29	7.46	11.22	0.21
最多2个	0.003	0.075	4.13	0.82

注:* 表示在5%临界值拒绝该假设。

建立 VAR(2)模型之后,可以使用 Johansen 检验的迹统计量和最大特征值来判断变量之间是否存在协整关系,以及存在几个协整关系,具体的检验结果如表 4.3-3 所示。迹统计量和最大特征值的检验结果均显示在 5％临界值水平上拒绝"没有协整关系的假设",说明变量之间存在一个协整关系。因此可以进行回归分析,以估算浙江省资本边际产出关于资本存量的弹性系数 ρ。由于上一期的投资可能会对当期回报率产生影响,因此本书在回归模型中加入了提前期的资本存量作为解释变量,经过多次回归的结果如表 4.3-4 所示。两个方程的回归结果均显示 ρ 为 -1.13,因此浙江省资本边际产出关于资本存量的弹性系数为 -1.13。

表 4.3-4　资本边际产出弹性系数 ρ 的估算

变　量	方程 1	方程 2
C	6.70^{***}	6.84^{***}
k	-1.13^{*}	-1.13^{*}
l	—	-0.02
$k(-2)$	0.77	0.78
调整后 R^2	0.84	0.87

注释：$*$ 和 $***$ 分别表示在 10% 和 5% 水平上显著。

根据式(2)可知,资本回报率的变动受到经济周期性波动的影响,因此在进行资本回报率分解之前应考虑到资本回报率的周期性波动。本书使用 Hodrick-Prescott 滤波方法分析浙江省资本回报率的周期性波动,具体的分析结果如图 4.3-2 所示,其中 Trend 表示资本回报率的趋势项,Cycle 表示波动项。

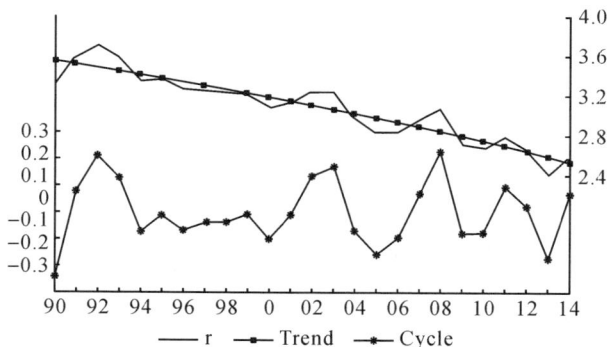

图 4.3-2　Hodrick-Prescott 滤波分析结果

分解出资本回报率的周期性波动项之后,根据资本回报率的分解公式(式2),便可以得出资本、技术和周期性波动对浙江省资本回报率的影响大小,如表 4.3-5 所示。

表 4.3-5 浙江省资本回报率的分解结果

年　份	回报率的增长率	资本深化部分		技术进步部分		周期波动	
		绝对数	占比:%	绝对数	占比:%	绝对数	占比:%
1991	0.0888	0.4235	44.50	−0.4314	45.33	0.0968	10.17
1992	0.0279	0.9625	48.85	−0.9712	49.29	0.0366	1.86
1993	−0.0318	9.0957	49.91	−9.1056	49.97	−0.0219	0.12
1994	−0.0660	−1.3885	49.22	1.3775	48.83	−0.0549	1.95
1995	0.0057	−0.6484	49.78	0.6368	48.89	0.0173	1.33
1996	−0.0280	−0.3721	49.72	0.3602	48.13	−0.0161	2.15
1997	−0.0045	−0.2324	50.49	0.2205	47.91	0.0074	1.60
1998	−0.0100	−0.1820	51.41	0.1703	48.11	0.0017	0.48
1999	−0.0031	−0.1342	50.59	0.1227	46.25	0.0084	3.16
2000	−0.0404	−0.0901	45.57	0.0786	39.78	−0.0290	14.66
2001	0.0170	−0.0939	45.85	0.0824	40.24	0.0285	13.92
2002	0.0343	−0.0904	42.02	0.0784	36.47	0.0463	21.51
2003	−0.0012	−0.0966	50.31	0.0837	43.59	0.0117	6.11
2004	−0.0877	−0.0881	37.33	0.0742	31.43	−0.0737	31.24
2005	−0.0438	−0.0692	45.15	0.0547	35.71	−0.0293	19.14
2006	0.0053	−0.0672	48.09	0.0525	37.56	0.0201	14.36
2007	0.0428	−0.0330	30.32	0.0178	16.34	0.0580	53.34
2008	0.0381	−0.0477	35.72	0.0314	23.55	0.0543	40.72
2009	−0.1157	−0.0435	25.98	0.0258	15.43	−0.0981	58.59
2010	−0.0185	−0.0588	59.34	0.0402	40.53	0.0001	0.14
2011	0.0429	−0.0494	34.88	0.0300	21.16	0.0623	43.96
2012	−0.0437	−0.0446	48.34	0.0243	26.30	−0.0234	25.36
2013	−0.0944	−0.0428	30.98	0.0218	15.80	−0.0735	53.22
2014	0.0723	−0.0371	25.35	0.0160	10.90	0.0934	63.75

资本深化仅在前三年对资本回报率的增长有着正向影响,随后年份均为负向影响,这与理论分析结论较为吻合。从占比上看,多数年份中资本深化的影响都在50%上下波动,近些年来虽有所下降,但仍在30%左右,因此可以认为浙江省资本存量的快速增长是资本回报率出现下降的重要原因。资本回报率下降会导致投资

动力缺失,社会资本因无利可图而停止投资,政府主导的投资也因回报下降而导致经济效率损失,不符合可持续发展的要求。因此浙江继续通过扩大投资的方式驱动经济发展将面临越来越大的困境,迫切需要寻找新的动力源,以提升资本回报率和经济增长质量。

技术进步的影响在多数年份均为正,这也与前文的理论分析较为吻合,即技术进步对资本回报率有着促进作用。虽然技术进步的影响在多数年份都为正,但由于其绝对数较低,且其占比也在逐年下降,因此无法弥补资本深化带来的负向影响,最终导致了资本回报率的逐年下降。根据黄先海等(2012)的研究,技术进步(A_t)可分为中性(G_t)、资本体现型(D_t)和人力资本体现型(H_t)三类,具体的分解公式为:

$$\frac{\dot{A_t}}{A_t} = \frac{\dot{G_t}}{G_t} + (\rho+1)\frac{\dot{D_t}}{D_t} - \rho\frac{\dot{H_t}}{H_t} \tag{4}$$

其中,ρ 仍表示资本边际产出的弹性。根据这一公式,可以进一步分析技术进步对浙江省资本回报率影响较低的原因。如果 $\rho+1<0$,则资本体现型技术进步的影响系数为负,因此该类技术的进步会导致资本回报率的下降。根据上文可知浙江省的 $\rho=-1.13$,所以尽管浙江省中性和人力资本体现型技术进步会带来资本回报率的提升,但由于资本过度积累,导致了资本边际产出弹性过低,资本设备的投入和升级反而不利于资本回报率的提升。最终导致三类技术进步对资本回报率的促进作用降低,从而无法扭转资本深化的不利影响。因此浙江应改变投资结构和规模,寻找提升资本边际产出弹性的途径,因为只有当 $-1<\rho<0$ 时,三类技术的进步才能共同推进资本回报率的提升。在浙江经济面临转型升级的关键时期,除了扩大技术的投入,还应全盘考虑经济面临的实际情况,加快结构改革升级,从而确保投入更加有效和精准。

周期性波动的影响呈无规律分布,但其影响的程度在逐渐加深。2000 年以前周期性波动占比多在 1%—3% 之间,随后则不断提高,到 2007 年已超过 50%,2014 年已达到 63.75%,为历年最高水平。这一方面说明浙江省经济开放程度较高,特别是 2001 年中国加入 WTO 之后,浙江省在引进外商投资和进出口方面都出现了快速增长(如图 4.3-3 所示),2014 年工业增加值中 24% 来自外商投资企业,浙江已广泛融入世界经济之中,对外依赖程度较高,因此容易受到外部冲击的影响;另一方面,浙江省经济结构不合理,特别是外向经济方面,比如对外出口中加工贸易占比多在 20% 以上,高新技术产品出口多在 10% 以下,2013 年和 2014 年高新技术产品出口仅略高于 5%。结构不合理导致浙江省经济稳健性较差,抵抗风险的能力较弱,因此当外部环境出现较大波动时,资本回报率会随之发生较大震荡。

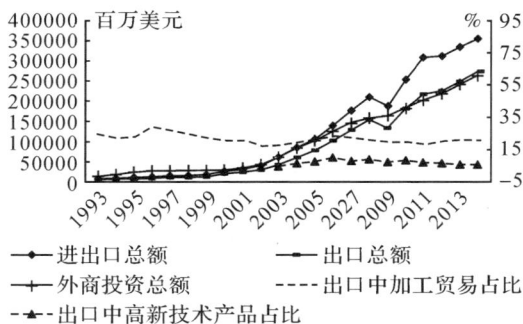

图 4.3-3 浙江进出口与外商投资情况

4.4 结论与建议

本书使用 1990—2014 年的数据对浙江省资本回报率进行了测度,在以往学者研究的基础上,基于资本深化、技术进步和周期性波动的角度,对浙江省资本回报率的变动进行了分解,得出的主要结论有:

(1)浙江省资本回报率总体上呈下降趋势。在 20 世纪 90 年代初期,浙江省资本回报率有一个短暂的上升阶段,但随后又出现了明显下降。2000 年之前浙江省资本回报率多在 25% 以上,随后则出现了多次波动,有着明显的下降趋势,最终下降到 2014 年的 13.34%。

(2)浙江省资本边际产出弹性系数为负,因此资本深化导致了资本回报率的下降。资本深化对资本回报率有着持续的负向影响,且其占比也较高,因此“投资驱动型”增长模式虽对浙江的高速发展功不可没,但该模式现已无法适应浙江发展的要求,亟须寻找新型发展路径,即在数量增长的同时,提升资本的质量是今后发展的重要方向之一。

(3)资本体现型技术进步的影响系数为负,导致了总的技术进步的正向影响较低。以往学者的研究多认为技术进步可以促进资本回报率的提升,但根据技术进步的细分可知,浙江省资本体现型技术进步的影响系数为负,降低了总的技术进步的积极效应。因此在鼓励技术投入的同时,还应注重改变投入结构,只有在三类技术进步影响系数全部为正的情况下,技术投入的产出才能达到最大化。

(4)浙江省经济稳健性较差,周期性波动对资本回报率的影响逐渐增强。浙江经济对外开放程度较高,但同时还面临着结构性问题。长期低层次地参与国际分工体系导致对外部波动抵抗性较差,因此在世界经济危机不断扩散和中国迈入新常态的共同影响下,浙江省资本回报率出现了较大波动,甚至是快速下降,进而对经济持续健康发展造成严重冲击。

5　浙江省经济增长质量提升动力研究:人力要素视角

中国 30 多年来的经济高速增长离不开物质资本要素的支撑,但在物质资本快速积累的同时,教育和培训投入的持续增长也带来了人力资本的快速积累。古典经济学认为,物质资本的增长会导致人均资本不断提高,进而带来资本边际产出的下降。但是中国的资本回报率并未出现大幅度下降的情况,为什么中国的情况与古典经济学理论出现了矛盾? 中国快速增长的人力资本是不是对资本边际产出下降规律产生了影响,进而导致上述矛盾的出现? Romer(1986)曾基于人力资本的视角分析了国家发展存在差异的原因,并指出人力资本存在着溢出效应,那么这一溢出效应在中国是否存在? 同时,中国还存在着广大的非技术劳动力群体,在中国经济发展初期,廉价的劳动力优势为经济快速增长做出巨大贡献,那么在经济面临转型发展的时期,这类劳动力对中国资本回报率又会产生何种影响? 本书将基于中国省际数据进行研究,以对上述问题进行分析,进而为经济转型发展提供参考借鉴。

5.1　文献综述

人力资本的提升可以促进经济的增长(Galor、Zeria,1993),而且人力资本的差异还是解释地区经济发展差异的重要因素之一(杨俊、李雪松,2007)。Barro and Sala-I-Martin(1999)、Viaene and Zilcha(2006)的研究均显示增加教育支出可以促进经济发展,这是因为教育带来的人力资本增长可以显著地促进技术创新(钱晓烨等,2010)。另外,人力资本的增长还可以增强技术的利用效率,进而提升生产效率(Bronzini and Piselli,2009),生产效率的提升则会促进资本回报率的提高。许和连等(2006)对中国的研究也发现人力资本积累水平的提高不仅对全要素生产率有着积极影响,还能提升物质资本的利用率,进而对资本回报率产生重要的促进作用,且随着人力资本的提高,其促进作用会越来越明显。杨立岩、王新丽(2004)的研究还发现,人力资本对资本回报率的影响并不一定要通过技术进步才能得以体现,人力资本和技术进步是共同推进经济增长的,因此人力资本本身就可以促进资本回报率的提升。

但也有学者持不同意见,如 Temple(2001)就认为人力资本的经济效应是非常复杂的,在不同地区可能存在着不同的效应(Miller and Upadhyay,2000),许和连等(2006)的研究也显示人力资本在中国东部地区的积极效应要比中西部地区显著。Devarajan et al.(1996)的研究则显示了人力资本对经济的负向影响,同时还有学者认为人力资本的影响并不显著(Easterly and Rebelo,1993;Soderrbom and Teal,2003),因此人力资本的积累可能无法带来资本回报率的提升。另外,人力资本的增长还意味着教育支出的增加,因此投入成本会提高,在产出不变的情况下,资本回报率反而会下降,如 Benhabib and Spiegel(1994)的研究就发现,人力资本存量能够提升物质资本的产出,但人力资本的增量则有着负向影响。

人力资本还存在着溢出效应,因为对人力的投资会在周边人群产生扩散,从而提高全社会的生产效率(Romer,1986),进而带来资本回报率的提升,姚先国(2008)对中国的研究也指出了人力资本正向的溢出效应。另外,人力资本的水平和结构存在差异,与物质资本的互补性也存在差异,这也是导致溢出效应产生的重要原因(Krusell et al.,2000)。

以往研究多采用大专以上劳动力数量作为人力资本的代理变量,且较少考虑人力资本的溢出效应,中国人力资本与劳动经济研究中心发布的《中国人力资本报告 2015》基于中国实际,改进了 J-F 终生收入法,对中国人力资本情况进行了核算,该方法的计算结果比大专以上劳动力数量更具准确性,因此本书使用该数据作为人力资本的代理变量,研究其变动对资本回报率的影响机制,另外本书还进一步考虑了人力资本的溢出效应,以更加合理地分析人力资本的综合影响。

5.2 理论机理

Lucas(1990)曾建立了一个包含人力资本的研究模型,他认为人力资本水平对产出有着重要影响,同时人力资本还存在溢出效应,因此应将两者同时纳入总产出模型中,具体的研究模型为:

$$Y = k(t)^{\beta}\big[H(t)\big]^{a}ha(t)^{\gamma} \tag{1}$$

其中,Y 表示社会的产出水平;$k(t)$ 为社会中的资本存量水平;社会中具有较高技术水平的劳动者的人力资本水平为 $H(t)$,ha 为人力资本的平均技术水平,即人力资本的溢出效应；$0<\alpha<1,0<\beta<1$。

除了具有较高技术水平的劳动者外，中国还存在着不少技术水平较低的劳动者（$l(t)$），因此本书将其纳入产出方程中：

$$Y = K(t)^{\beta}[H(t)]^{\alpha}ha(t)^{\gamma}l(t)^{\eta} \tag{2}$$

根据（2）式可知资本回报率（r）为：

$$r = \beta K(t)^{\beta-1}[H(t)]^{\alpha}ha(t)^{\gamma}l(t)^{\eta} \tag{3}$$

参考 Uzawa（1965）和 Rosen（1976）的研究，假定劳动者将劳动时间的 $u(t)$ 部分用于物质生产，$1-u(t)$ 部分用于人力生产，进一步假定人力资本积累的系数为 δ，则人力资本的增长[$h(t)$]函数可设定为：

$$[\dot{h}(t)] = h(t)[1-u(t)]\delta \tag{4}$$

另外，社会的产出还可以分为净投资量[$\dot{K}(t)$]和总消费量两部分，假定人均消费为 $c(t)$，则，$N(t)$ 表示受过教育的劳动者数量：

$$Y = [N(t)+l(t)]c(t)+(\dot{K}(t)) \tag{5}$$

假定消费的效用函数为：

$$U = \int_{0}^{\infty} e^{-\rho t} \frac{1}{1-\sigma}[c(t)^{1-\sigma}-1][N(t)+l(t)]dt \tag{6}$$

其中，ρ 为经济的贴现率，σ 为相对风险规避系数，$\rho>0,\sigma>0$。

根据（2）、（4）、（5）、（6）式，便可以求解出经济达到最终均衡时资本回报率的决定因素为：

$$r = \rho+\sigma\frac{(\alpha+\gamma)\varphi+\eta\lambda'+(\alpha+\beta-1)\lambda}{1-\beta} \tag{7}$$

其中，$\psi=\frac{\dot{c}(t)}{c(t)},\varphi=\frac{\dot{h}(t)}{h(t)},\lambda'=\frac{\dot{l}(t)}{l(t)},\lambda=\frac{[N(t)+l(t)]}{N(t)+l(t)}$。

因为 $1-\beta>$，$\rho>0,\sigma>0,\alpha>0$，如果（$\alpha+\gamma$）>0，则人力资本的增长（φ）对资本回报率有着促进作用，但如果人力资本溢出效应（γ）为负值，则会降低人力资本的促进作用，进一步地，如果（$\alpha+\gamma$）<0，则说明溢出效应带来的负向作用过大，最终人力资本的提升反而导致了资本回报率的下降。

为了描述人力资本的区域差异和时间变化趋势，本书使用 Kernel 密度分析方法对我国人力资本特征进行分析，结果如图 5.2-1 所示。本书所使用的人力资本数据来源于《中国人力资本报告 2015》。

从时间变化上看，Kernel 密度图均呈现出向右移动的特征，这说明全国各地区的人力资本水平在不断增长。全国层面 Kernel 密度图由单顶点逐渐向多顶点演变，说明省市间的人力资本水平出现了分化，差异在逐渐加大。

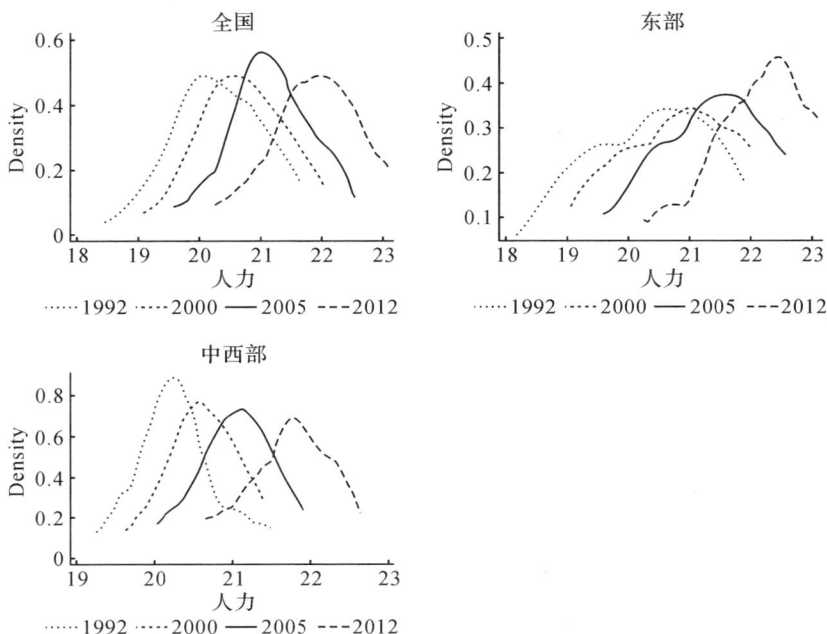

图 5.2-1　全国及各地区人力资本 Kernel 密度图

分地区看,东部地区人力资本集聚水平在提高,中西部地区集聚水平则有所降低。东部地区的曲线向右移动的同时,还呈现出上升的趋势,说明东部地区人力资本水平在增长的省份不断集聚,这可能是因为东部地区有着北京、上海等较为发达省市,对其他省份人力资本集聚有着较强的带动作用。另外,东部地区 Kernel 曲线还呈现出明显的左拖尾特征,说明东部还存在部分省市,其较低的人力资本水平影响了东部省市集聚水平的进一步提升。中西部地区曲线则呈现多顶点均衡且逐渐向下移动的特征,这说明中西部地区人力资本水平集聚程度下降,地区差异在加大,这可能是因为西部地区缺乏龙头省区市带动,地区集聚发展能力较弱。

5.3　实证分析:全国数据

5.3.1　模型建立与数据来源

根据机理分析部分可以得出本书的实证分析模型,对式(3)两边取对数可得:

$$\ln r = C + \alpha \ln H + (\beta - 1)\ln K + \gamma \ln ha + \eta \ln l + \xi \qquad (8)$$

其中,C 和 ξ 分别表示常数项和随机扰动项。

本书使用省级面板数据进行计量分析,所有数据均取自然对数处理。为了解决省份效应的影响和变量的内生性问题,本书使用工具变量的 GMM 方法进行实证分析,本书的工具变量选择该变量的一阶滞后项,并根据 AR(2),Sargan 检验模型和工具变量的有效性。同时为了确保回归结果的稳健性,本书同时使用系统 GMM 和差分 GMM 方法进行分析,最后进一步使用工具面板方法做稳健性检验。

省级资本回报率(r)根据 Bai 的方法进行测度,其中资本存量数据(k)根据永续盘存法进行核算,无技术水平劳动力(l)用文盲劳动者占比表示,以上数据来源于历年《中国统计年鉴》和各省市统计年鉴。人力资本数据(H)来源于《中国人力资本报告 2015》,由于该报告公布的省市人力资本数据仅到 2012 年[①],所以本书选取省级 1992—2012 年的数据进行计量分析,人力资本溢出效应(ha)用劳动者人均人力资本表示。变量的描述性统计如表 5.3-1 所示。

表 5.3-1 变量的描述性统计

变　量	观测数	平均值	标准差	最小值	最大值
r	441	2.62	0.83	−3.61	4.12
H	441	20.89	0.91	18.53	23.10
ha	441	4.01	0.64	2.71	5.74
l	441	2.21	0.61	0.50	3.68
k	441	7.88	1.13	5.25	10.69

5.3.2 实证结果分析

除使用全国数据进行实证分析之外,本书还使用东部省市和中西部省市数据分别进行实证分析。首先对变量进行平稳性检验,结果显示一阶差分后的数据均是平稳的,表 5.3-2 报告了全国数据的平稳性检验结果,由于篇幅所限,东部和中西部数据检验结果没有列出。

表 5.3-2 全国数据的平稳性检验

变　量	LLC	IPS	$fisher\text{-}ADF$	$fisher\text{-}PP$	平稳
r	−18.34***	−3.76***	102.41***	323.91***	是
H	−1.66	1.75	14.39	0.37	否
ha	−2.16	1.27	17.03	0.75	否

---

①　该报告仅对中国部分省市人力资本数据进行核算,因此本书所指东部地区包括北京、天津、辽宁、上海、江苏、浙江、广东、山东和海南;中西部地区包括吉林、黑龙江、安徽、江西、河南、湖北、湖南、广西、四川、贵州、陕西和甘肃。

变　量	LLC	IPS	fisher-ADF	fisher-PP	平稳
l	−3.43	−1.05	38.14	11.41	否
k	1.85	2.61	5.54	44.35	否
Dr	−24.08***	−8.12***	174.36***	942.65***	是
DH	−18.88***	−2.15***	317.05***	58.89**	是
Dha	−16.89***	−2.27***	275.63***	68.94***	是
Dl	−21.85***	−5.43***	74.82***	687.64***	是
Dk	−8.89***	−1.51*	77.49***	56.30*	是

注:*、**和***分别表示在1%、5%和10%水平上显著,下同。

表5.3-3报告了中国整体数据的回归结果。人力资本的回归结果显著为正,这说明人力资本的提升有利于中国资本回报率的提升,这与理论预期较为符合。1995年之后,中国人力资本增长速度有了较大提升,而人力资本的增长不仅可以增强技术的利用效率(Bronzini等,2009),还可以显著地促进技术创新(钱晓烨等,2010),进而提高生产效率。另外,人力资本增长本身就可以提高劳动的生产率,因此人力资本对资本回报率提升有着明显的促进作用。

人力资本溢出效应的回归结果为负,但并未通过显著性检验,造成这一现象的原因可能有:一方面,人力资本溢出效应的发挥需要人力资本集聚达到一定规模,中国总的人力资本虽然较大,但人均较低,与世界强国差距较大,现阶段中国人力资本的增长主要是靠劳动力数量增长推动的,劳动力质量推动的作用较低,因此人力资本集聚水平提升缓慢,溢出效应较难发挥;另一方面,人力资本溢出的发挥还需要劳动力的自由流动,目前中国户籍制度却阻碍了劳动力的自由流动,因此溢出效应受到了制约,这在一定程度上也可以解释中国实证与理论结论存在的差异。

无技术水平劳动力和资本存量均有着显著的负向影响,这说明中国资本回报率的提升主要是靠技术水平劳动者推动的,由于中国劳动力成本的不断上升,劳动力成本优势和人口红利逐渐消失,劳动力数量增长已无法促进资本回报率的提升;另外,资本的快速积累,使得中国资本深化程度逐年提升,社会投资竞争越发激烈,回报率也因此逐渐下降。

表5.3-3　中国整体数据的回归结果

	差分GMM	差分GMM	差分GMM	系统GMM	系统GMM
H	1.42***	2.16***	2.17***	1.07***	1.35***
ha		−0.49			−0.20

	差分 GMM	差分 GMM	差分 GMM	系统 GMM	系统 GMM
l			-0.09^{***}		
k			-0.37^{**}		
C				-0.62	-2.76
OBS	399	399	399	420	420
$AR(2)$	1.03	1.04	1.04	1.17	1.17
$Sargan$	0.10	0.28	0.10	0.98	0.98

表 5.3-4 报告了东部地区的回归结果。东部地区回归结果与全国结果较为类似，人力资本有着显著的正向影响，人力资本溢出效应的影响不显著。无技术水平劳动力和资本存量不利于资本回报率的提升。这可能是因为东部地区仍是中国经济发展最为重要的区域，对中国经济发展有着重要的影响力，回归结果也与全国数据保持较大一致性。

表 5.3-4　东部数据的回归结果

	差分 GMM	差分 GMM	差分 GMM	差分 GMM	系统 GMM
H	0.48^{*}	1.33^{*}	2.27^{**}	1.22	1.20^{*}
ha			-1.29	-1.41	-2.11
l				-0.15^{*}	0.16
k		-0.46	-0.52^{*}		
C					-13.54
OBS	171	171	1 71	171	189
$AR(2)$	0.40	0.47	0.42	0.34	0.34
$Sargan$	0.35	0.91	0.91	0.31	0.87

表 5.3-5 报告了中西部地区的回归结果。其中人力资本及其溢出效应的回归结果与东部地区较为相似。不同的是，无技术水平劳动力和资本存量均没有出现显著的负向影响。中西部地区由于经济发展水平较为落后，对人力的吸引和集聚能力较弱，且随着东部地区劳动密集型产业向中西部地区转移，中西部地区发展仍需大量普通劳动者的参与，因此即便是无技术水平劳动力增加，也不会对资本回报率造成不利影响。虽然无技术水平劳动力没有导致负向影响，但也无法促进资本回报率的提升，这说明中西地区在承接劳动密集型产业转移的过程中，可能无法带来经济的持续稳定增长，因此还应注重引入高技术产业，优化产业结构。另外，由

于东部地区吸引了大部分中国快速增长的资本,所以中西部地区的资本深化程度较东部地区要低,因此投资的进一步增长没有导致资本回报率的下降,但投资数量的增长也没有带来资本回报率的提升,所以中西部地区缺乏的可能并不是普通的低效投资,而是能够带来技术进步和产业升级的先进资本。

表 5.3-5　中西部数据的回归结果

	差分 GMM	差分 GMM	差分 GMM	系统 GMM	系统 GMM
H	1.96***	1.16	2.41**	1.84*	1.89*
ha		1.69			
l			−0.14		0.12
k			0.15		
C				6.42	7.68
OBS	228	228	228	240	240
$AR(2)$	0.29	0.29	0.29	0.29	0.29
$Sargan$	0.96	0.89	0.94	0.41	0.39

综合上述回归结果可知,人力资本仍是中国各地区资本回报率提升的重要因素之一,因此在劳动力数量增长的同时,更应注重劳动力质量的提升。由于人力资本集聚程度较低和制度性障碍等原因,人力资本的溢出效应并没有得到充分发挥,根据理论分析结果可知,人力资本正向的溢出效应可以放大人力资本对资本回报率的促进作用,因此政府应积极改善人才发展制度和环境,以充分发挥人力资本的溢出效应,进而更好地利用人力资本的积极作用,发展地区经济。无技术水平劳动力和资本存量在不同地区回归结果的差异也说明,各地区应根据自身特点制定不同的政策措施,从而确保政策的有效性和精准性;另外,劳动力和资本存量的增长在各地区都没有明显的积极作用,这说明"数量增长"已失去原有效果,"质量增长"才是未来发展的重要方向。

5.3.3　稳健性检验

5.3.3.1　工具面板回归

为了确保回归结果的稳健性,上文同时使用差分 GMM 和系统 GMM 方法。另外,还可以使用工具面板回归的方法对 GMM 回归结果进行稳健性检验。使用工具面板回归的具体结果如表 5.3-6 所示,根据该检验结果可知,各解释变量的回归结果在符号和显著性方面均与使用 GMM 方法的结果保持较大的一致性,因此可以认为本书的回归结果是稳健的。

表 5.3-6　工具面板回归结果

	全国	全国	东部	东部	中西部	中西部
H	3.00***	2.84***	0.43**	0.48***	2.96***	3.09***
ha	−0.04	−0.03		0.69	0.11	0.14
l		−0.10		−0.02		−0.01
k	−0.52***	−0.53***	−0.29**		−0.16	−0.25
C	−3.56	−2.13	−3.93**	−10.30***	4.39	3.22
OBS	420	420	180	180	240	240
R^2	0.36	0.46	0.11	0.10	0.05	0.05

5.3.3.2　更换人力资本变量

上文人力资本数据来源于《中国人力资本报告 2015》,主要使用终生收入法测算中国的人力资本数据。由于不同学者对人力资本的核算方法还存在争议,因此本书借鉴 Holz(2005)的研究结果,使用劳动者受教育年限作为人力资本的代理变量,进一步验证人力资本对资本回报率的影响,以检验回归结果的稳健性。考虑劳动者受教育年限数据的可得性,本书仅对中国总体数据进行了稳健性检验。由于是中国总体的时间序列数据,本部分基于式(8)构建 VAR 模型,然后通过脉冲响应分析人力资本对资本回报率的影响。构建 VAR 模型,首先需要选择合适的滞后阶数,本书综合 LR、FPE、AIC、SC 和 HQ 法则的检验结果,构建了滞后 3 期的 VAR 模型。脉冲响应要求变量之间存在协整关系,本书使用 Johansen 极大似然法对变量之间的协整关系进行了验证,结果显示变量之间存在着协整关系,可以进行脉冲响应分析。具体的脉冲响应结果如图 5.3-1 和图 5.3-2 所示。

图 5.3-1 表明,在初期给人力资本一个正向冲击,资本回报率会出现正的增长,且持续时间较长,一直持续到第 10 期才逐渐趋向于 0,这与上文分析结论也较为符合。因此可以认为人力资本的增长对资本回报率有着持久的正向影响。图 5.3-2 显示,在初期给人力资本溢出效应一个正向冲击,资本回报率一开始并没有出现明显变化,这与上文结论——人力资本溢出效应的影响不显著,保持一致。从图 5.3-2 还可以看出,从第 3 期开始,人力资本溢出效应对资本回报率的影响已出现明显的副作用,且一直持续到第 10 期才消失。这也在一定程度上说明,人力资本的溢出效应如得不到有效引导,在长期内会对资本回报率产生消极作用。

根据上述两种稳健性检验结果,并结合系统 GMM 和差分 GMM 分析结果,可以认为本书的研究结果是稳健的。

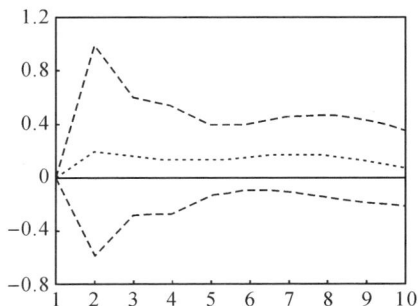

图 5.3-1　r 对 H 的响应

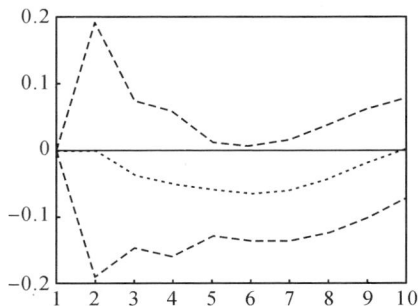

图 5.3-2　r 对 ha 的响应

5.4　实证分析:浙江数据

投资是浙江经济发展的重要推动力,多年来浙江的资本形成率都处在 45%—50% 之间,不断增长的投资使得浙江省资本存量得到快速积累,1978 年浙江资本存量仅为 169 亿元,到 2014 年已增长到 22096 亿元[①],增长了近 130 倍。根据古典经济学理论,资本存量的快速增长会使资本深化程度不断提升,从而降低资本的回报率,那么浙江省资本存量的提升是否导致了资本回报率的下降? 如果导致了资本回报率的下降,则会使得投资动力出现下降,最终影响到经济的稳定发展。在投资增长的同时,如果能够增加劳动者的投入,则可缓解资本深化程度的加深,进而有可能维持资本回报率的稳定。另外,在劳动者数量增长的同时,提升劳动者的质量,则有利于生产效率的提升和发展方式的转变,进而促进资本回报率的提高。因此,从人力资本的视角研究浙江资本回报率提升的机制,对浙江省经济增长和转型发展有着重要的现实意义。

本部分首先根据 Bai(2006)的测度方法对浙江省 1978—2014 年的资本回报率进行了测度,具体的测度结果如图 5.4-1 所示。

改革开放初期,浙江省资本回报率经历了一个快速增长期,从 1978 年的 28% 增长到 1984 年的 42%,这主要是因为改革开放提高了国内的生产效率,且对外开放也带来了先进的资本和技术,提高了资本的回报率。1988 年之后资本回报率出现了较大下降,随后又开始回升,到 1992 年又增加到 42% 以上。这一时期,浙江省资本回报率波动较大,这可能是因为受到国内外政治经济波动的影响,再加上改革开放遇到阻力,出现反复等问题,对资本回报率造成了较大影响。1994 年之后,

---

① 资本形成率数量来源于国家统计局网站,资本存量数据的核算详见本书第三部分的数据来源,数据单位为 1985 年价格。

资本回报率：%

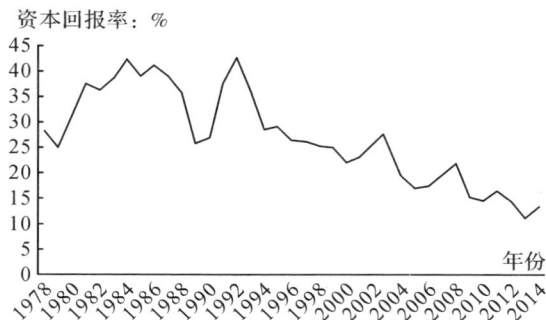

图 5.4-1　浙江省的资本回报率

资本回报率的波动则逐渐平缓,但资本回报率总的趋势处于下降通道。1994 年之后,中国对外开放的力度逐渐加大,引进的资本逐渐增多,且随着经济增长,浙江省投资规模不断扩大,资本回报率也因此出现了下降,到 2014 年已下降至 13%。但近些年来,浙江省资本回报率一直处在 10% 以上,根据笔者对中国资本回报率的计算结果,浙江省总体上高于全国的平均水平。

5.4.1　模型构建与数据选取

根据上文的理论分析部分,本书构建的计量分析模型为:

$$\ln r = C + \alpha_1 \ln h + \alpha_2 \ln k + \alpha_3 \ln ha + \alpha_4 \ln l + \xi$$

其中,C 为常数项,ξ 为随机扰动项。各指标的数据均来源于《新中国 60 年统计资料汇编》和历年《浙江省统计年鉴》。为了减少因数据剧烈波动造成的异方差问题,本书对数据取自然对数处理。

(1)资本存量。资本存量可以根据永续盘存法进行核算,具体的核算公式为:$K_t = \delta K_{t-1} + I_t$,$\delta$ 为资本折旧率。单豪杰(2008)对中国各省市 2006 年以前的数据进行了核算,本书对浙江省 2007—2014 年的资本存量进行了进一步的核算。

(2)人力资本。本书根据劳动者的受教育年限对浙江省的人力资本数据进行加权汇总,具体为:小学受教育年限为 6,中学为 9,高中(含高职)为 12,大专及以上为 15。

(3)人力资本的溢出效应。使用劳动者平均人力资本水平表示。

(4)普通劳动力。本书用文盲劳动者占比作为普通劳动力的代理变量。

5.4.2　描述性统计与平稳性检验

数据的描述性统计结果见表 5.4-1。在进行计量的分析之前,首先应对数据进行平稳性检验,结果如表 5.4-2 所示。根据检验结果可知,原数据不平稳,但二阶差分后均变得平稳,因此可以进行协整及回归分析。

表 5.4-1 数据的描述性统计

	观察值	平均值	标准差	最小值	最大值
lnr	37	3.23	0.364	2.41	3.76
lnh	37	9.90	0.40	9.13	10.52
lnha	37	2.01	0.19	1.64	2.30
lnk	37	7.57	1.58	5.13	10.00
lnl	37	2.72	0.57	1.55	3.56

表 5.4-2 平稳性检验结果

变量	T 统计量	是否平稳	变量	T 统计量	是否平稳
lnr	0.08	否	$\Delta\Delta$lnr	−6.48***	是
lnk	−3.38*	否	$\Delta\Delta$lnk	−4.71***	是
lnh	−1.67	否	$\Delta\Delta$lnh	−8.59***	是
lnha	−1.33	否	$\Delta\Delta$lnha	−6.85***	是
lnl	0.43	否	$\Delta\Delta$lnl	−5.87***	是

5.4.3 Johansen 协整检验

本书使用基于 VAR 模型的 Johansen 检验方法对变量间的协整关系进行检验。首先应判断建立 VAR 模型的滞后期,可使用 LR、FPE、AIC、SC 和 HQ 五个指标进行选择,然后结合 AR 平方根判断 VAR 模型的稳定性。具体的结果如表 5.4-3 和图 5.4-2 所示,结合两个检验结果,本书选择滞后 4 期的 VAR 模型进行协整分析。

表 5.4-3 VAR 模型滞后期检验结果

滞后期	LogL 统计量	LR	FPE	AIC	SC	HQ
0	131.42	NA	0.00	−7.66	−7.43	−7.59
1	343.15	346.47	0.00	−18.98	−17.62	−18.52
2	395.58	69.91	0.00	−20.64	−18.15	−19.80
3	434.56	40.16*	0.00	−21.49	−17.86	−20.27
4	485.53	37.07	2.11e-16*	−23.06*	−18.30*	−21.46*

注:* 表示选择对应的滞后期。

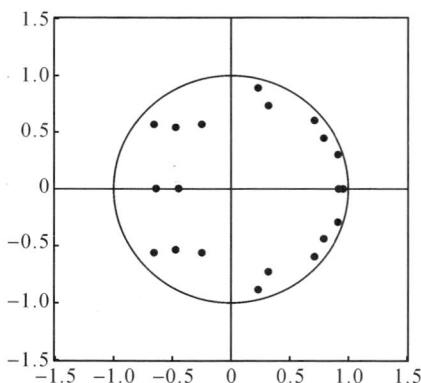

图 5.4-2　AR 平方根

选择滞后 4 期的 VAR 模型,然后使用迹统计量和最大特征值判断变量之间是否存在协整关系,具体的检验结果如表 5.4-4 和表 5.4-5 所示。迹统计量和最大特征值检验结果均显示变量之间存在着协整关系,即变量之间在长期上存在相互关系,可以进行回归分析。

表 5.4-4　迹统计量检验结果

原假设	特征值	迹统计量	5%临界值	P 值
没有*	0.90	169.94	69.82	0.00
最多一个*	0.79	95.00	47.86	0.00
最多两个*	0.58	43.34	29.80	0.00
最多三个	0.24	14.89	15.49	0.06

注:＊表示拒绝原假设。

表 5.4-5　最大特征值检验结果

原假设	特征值	最大特征值	5%临界值	P 值
没有*	0.90	74.94	33.88	0.00
最多一个*	0.79	51.66	27.58	0.00
最多两个*	0.58	28.45	21.13	0.00
最多三个	0.24	9.08	14.26	0.28

注:＊表示拒绝原假设。

5.4.4　回归分析

为了尽量减少变量间的多重共线性并确保回归结果的稳健性,本书采取依次交叉加入解释变量的方法进行回归分析,具体的结果如表 5.4-6 中的方程 1—方程 3 所示。

表 5.4-6　回归分析结果

变量	方程 1	方程 2	方程 3	方程 4	方程 5	方程 6
Lnh	0.45 (0.57)	−0.31 (−0.49)	−0.08 (−0.15)	−0.08 (−0.19)	0.15 (0.18)	0.13 (0.87)
Lnha	−2.43 (−1.51)	5.07** (2.57)	4.95*** (2.81)	4.95*** (3.08)	2.81 (0.98)	4.07* (1.69)
Lnk		−0.74*** (−4.91)	−0.57*** (−3.92)	−0.57*** (−3.48)	−0.44* (−1.78)	−0.57*** (−2.92)
lnl			0.59*** (3.04)	0.60*** (4.44)	0.42* (1.81)	0.46** (2.07)
C	3.67 (0.80)	1.73 (0.49)	−3.14 (−0.88)	−3.14 (−0.91)	−1.69 (−0.30)	−3.17 (−0.64)
R^2	0.65	0.79	0.83	—	0.65	0.79

为了确保回归结果的可靠性,本书继续使用怀特检验方法对方程 3 进行异方差检验,检验结果显示,chi2(14)的值为 72.72,P 值为 0.27,因此可以认为不存在异方差。另外,本书还采用稳健的标准差进行回归,结果与方程 3 保持一致,进一步说明了原数据不存在异方差。使用方程 3 的回归结果对因变量的拟合值进行预测,结果如图 5.4-3 所示。根据图 5.4-3 可知,拟合值的变动与真实值吻合度较高,因此可以认为回归方程的效果较好。

图 5.4-3　因变量拟合值的预测结果

进一步对方程 3 进行残差自相关检验,检验结果显示,DW 值为 1.23,因此数据可能存在着自相关问题。对于自相关问题,可以采用自相关稳健性的标准差对数据进行回归,以克服自相关对回归结果的影响。使用该方法,首先应判断回归方程的滞后阶数,滞后阶数可使用样本个数的 1/4 次幂,本书计量分析的样本个数为 37,其 1/4 次幂为 2.46,因此采用滞后阶数为 3 的自相关稳健性的标准差对数据进行回归分析,结果如方程 4 所示。方程 4 在克服了自相关问题后,模型和各系数的显著性仍然较高,因此回归结果具有较大的可信性。另外,本书还进一步使用广义最小二乘法和迭代式普莱斯-温斯登估计法进行回归分析,以解决异方差问题,回归结果分别如方程 5 和方程 6 所示。两个方程的回归结果显示,DW 值均已上升为 1.68,比原方程的 1.23 有了较大提升。但消除自相关会导致模型的显著性和解释能力比原方程略有下降,因此方程 5 和方程 6 在系数的显著性方面比方程 3 略差。

综合方程 1—方程 6 的回归结果以及相关检验结果,可以认为本书的回归结果具有较大的稳健性和可信性。根据回归结果,本书对浙江省资本回报率的影响因素进行了进一步的分析,具体为:

人力资本对资本回报率的影响不显著。这与理论预期有着较大差异,造成这一结果的原因可能有:首先,浙江省人力资本增长多属于劳动数量增长推动,劳动力质量提升较慢,因此对生产效率的提升帮助不大;其次,浙江还存在较多"政策导向型"的投资,资本受地区优惠政策影响较大,对人力资本的敏感度下降(郑江淮等,2008),因此人力资本无法发挥其应有的促进作用;最后,浙江作为中国外向经济发展较为成功的省份之一,其对外贸易对经济发展影响较大。但现阶段,对外贸易中的加工贸易和低端贸易还占据较大的比重,但长期从事低端生产,容易陷入"低端锁定"困局(杨君和肖明月,2015),生产的技术水平难以提升,对人力资本的需求也以低水平为主,因此人力资本的提升无法带来资本回报率的显著增长。

人力资本溢出效应对资本回报率有着促进作用。人力资本溢出效应的存在会提高整个社会的劳动生产率,因而有利于资本回报率的提升。但这种促进作用存在较大的不确定性,因为溢出效应也属于外部不经济的一种,如果所有企业都不愿意在人力资本上进行投入,而是寄希望于外部人力资本带来的溢出效应,最终就会出现整体人力资本不断下降的局面,资本回报率也会因此出现下降。此外,如果这个社会对技术要求已达到较高程度,溢出效应的作用也会大打折扣。现阶段,人力资本溢出效应还存在着显著的正向影响,这说明浙江还有较多企业愿意进行人力投入,因此人力资本还存在着正向溢出。另外,浙江产业的技术层次可能普遍处于低水平状态,因此对溢出效应还有着较强的敏感度。

资本存量对资本回报率有着显著的阻碍作用。浙江省经济增长在很大程度上属于"投资驱动型",1978 年浙江省资本存量为 169 亿元,到 2014 年已增长到22096 亿元(1985 年价),增长了 129 倍以上。资本的快速积累会导致资本边际产出的下降,因此不利于资本回报率的提升。浙江省资本回报率在 1992 年之后一直呈缓慢下降趋势,这也在一定程度上说明了投资驱动型增长模式存在较大弊端。当资本回报率下降到一定程度时,投资会因回报不足而不断下降,最终导致经济增长无法维系。

普通劳动者对资本回报率有着促进作用。这与前文对人力资本的分析也较为吻合，即浙江省现阶段还存在大量低水平的组装加工产业，多属于劳动密集型产业，其对技术工人的需求不高，而是需要大量招揽普通劳动者。即低端产业多通过要素规模扩张来提升利润，因此普通劳动者的增长能够带来资本回报率的上升。另外，普通劳动者的增长还可以降低因资本存量快速增加带来的资本深化问题，进而在一定程度缓解了资本边际产出的下降问题。但普通劳动者的增长不是无限的，最终会达到一个相对稳定的状态，因此资本深化程度会随着资本存量的增加而不断提升，资本回报率也会因此出现下降。

5.5 结论与建议

本书首先从理论上分析了人力资本对资本回报率的影响机理，然后使用中国省际及浙江数据分别进行了实证检验，并使用不同方法对回归结果进行了稳健性检验，基于全国数据得出的主要结论有：

（1）我国的人力资本分布呈现出"东部集聚、中西部分散"的特征。由于东部有上海、北京等龙头省市的带动，东部地区人力资本集聚水平呈现出上升的趋势。中西部地区则缺乏龙头省市的带动，地区集聚发展能力较弱，因此中西部地区人力资本水平集聚程度在下降。

（2）人力资本对中国资本回报率有着显著的促进作用，且时间较为持久，该结论也与理论预期一致。人力资本提升一方面可以提高技术的利用效率，另一方面还可以加快技术创新，中国总体及部分地区的实证结果均证明了人力资本的积极作用，这说明人力资本已成为中国资本回报率提升的重要推动力。脉冲响应图还进一步说明了人力资本的积极作用有着较长的持续时间。

（3）由于中国人力资本呈"数量增长型"的特征以及自由流动受阻，其溢出效应受到了制约，因此短期未造成资本回报率的下降，但长期来看，有着显著的负向作用。中国的劳动力数量增长是人力资本增长的主要动力，劳动力质量提升的贡献较低。另外，中国的户籍制度也限制了劳动力的自由流动，人力资本的溢出效应难以充分发挥，因此人力资本溢出效应的影响在不同地区均不显著。这对暂时减缓中国资本回报率的下降有着积极的作用，但从长期来看，人力资本溢出效应有着明显的消极作用，且持续时期较长。

（4）要素投入规模扩张对地区资本回报率已无积极作用，资本回报率的提升正在向"质量驱动"转变。无技术水平劳动力和资本存量的增长对东部地区资本回报率有着负向影响，对中西部地区影响不显著，这说明东部地区经过多年高速发展，对劳动力和资本的技术要求较高,纯粹的要素数量投入已无法满足地区经济增长需要。由于中西部地区劳动力和资本的集聚程度远低于东部,因此要素投入规模扩张暂时还未对资本回报率产生负向影响,但由于该类劳动力和资本的生产效率较低,因此对资本回报率的提升也无明显作用。人力资本对资本回报率的提升有着显著的促进作用则进一步显示,中国资本回报率的提升正在向要素质量驱动转变。

基于浙江数据的主要结论有:

(1)浙江省资本回报率呈现出先增长后下降的趋势,总体上高于全国平均水平。改革开放初期,浙江省资本回报率有着一个快速增长的时期,随后则出现了一段有着较大波动的反复时期,1994年之后则呈缓慢下降的态势,到2014年已降为13%。资本回报率的下降,不利于投资的稳定,进而影响到经济的持续发展,因此如何保持资本回报率的稳定,已成为浙江经济发展必须解决的重要问题之一。

(2)人力资本对资本回报率的影响不显著。一般而言,人力资本增长可以提高劳动生产效率,进而提升资本回报率,但是浙江省人力资本的提升多是劳动力数量增长推动的,因此劳动力效率提升不大。其次,浙江省还存在着一定比例的"政策导向型"投资,这部分投资对政策的敏感度较人力资本要高,因此不利于人力资本导向作用的发挥。另外,开放还可能带来了部分产业的"低端锁定",产业低端化发展对高端劳动力需求不高,不利于发挥人力资本的积极作用。浙江在向"创新驱动"转变的过程中,高端产业的投资会进一步加强,对人力资本的需求也会逐渐提高,因此政府和企业应加大对人力资本的投资,使其成为资本回报率提升的重要驱动之一。

(3)人力资本溢出效应对资本回报率有着促进作用。人力资本溢出效应的存在能提高整个社会的人力资本水平,有利于生产效率的提升,但因为溢出效应存在着外部不经济这一问题,因此其对资本回报率的积极影响可能是不稳定的。如果所有企业都只希望从外部获得溢出效应,而不进行人力投资,最终整个社会的生产效率则有可能会因此出现下降。市场无法解决溢出效应外部不经济问题,因此需要政府政策的介入,如政府加大人力投入,提供人力教育和培训等公共服务,或对企业相关投入提供补助、优惠政策等。

(4)资本存量的增长不利于资本回报率的提升。资本存量的增长会带来资本深化程度的提升,在边际产出递减规律作用下,资本回报率会不断下降。浙江省资本回报率在近些年一直处于下降过程,使"投资驱动型"增长模式面临了严峻挑战。如果投资的过程中发生了技术进步,即存在资本体现型技术进步,则有可能缓解资本深化的不利影响,因此浙江应重点考虑投资质量的提升,而不仅仅是投资规模的增长。

　　(5)普通劳动者对资本回报率有着促进作用。普通劳动者的增长在一定程度上缓解了资本深化的程度,因此有利于资本回报率的提升。另外,这也说明浙江存在的大量低端产业对普通劳动者的需求较大,多依赖投入规模的增长以提高资本回报率。但在浙江省劳动力增长趋于放缓的今天,继续依赖普通劳动者数量增长推动资本回报率提升,将会变得越来越困难,因此从劳动者数量驱动向质量驱动转变至关重要。

　　根据以上结论可知,人力资本已成为中国资本回报率提升的重要动力,因此中国应加大对劳动力的教育和培训,特别是在劳动力红利逐渐消失的转型时期,更应该注重劳动力质量的提升。另外,无技术水平劳动力的增长已无法带来资本回报率的提升,因此"廉价且丰富的劳动力"已不再是中国经济发展的比较优势。在东部发达地区,该类型劳动力的增长已出现了显著的负向效应,因此应加快经济发展方式向质量效益驱动型转变。同时,还应加快与劳动力相关的制度建设,促进劳动力的自由流动,以充分发挥人力资本的正向溢出效应,减少负向溢出,实现人力资本价值最大化。

6 浙江省经济增长质量提升动力研究:绿色转型视角

改革开放以来,我国经济发展迅速,在取得了巨大成就的同时也遇到了严峻的环境问题。高投入、高消耗的经济发展方式已对环境造成了严重的破坏,无法适应经济绿色持续发展的要求。近年来,中央政府更是提出了"绿水青山就是金山银山"的发展理念,推动企业生产向更加集约、更加绿色的方式转变。工业作为中国主要的能源消耗和三废排放部门,其绿色发展水平究竟处于何种水平? 推动或制约工业绿色效率提升的因素又有哪些? 对上述问题的回答,不仅关乎着工业的绿色升级,还对中国经济实现转型发展有着重要的现实意义。

6.1 文献综述

在工业行业的效率测度中,具有代表性的有数据包络分析法(DEA)、随机前沿分析法(SFA)和 Malmquist 指数法等几种测度方法。数据包络分析法(DEA)是通过数据驱动,用线性规划建立决策单位的包络面来作为生产前沿,对这个前沿面进行度量,进而得到效率,这种方法因为具有不需要假设函数关系,也不需要事先预估投入量的参数和权重等优点而被广泛应用。在 Hu,Wang(2006)用这种方法对我国 29 个省的能源效率进行测度后,这种方法及其改进模型就被广泛应用于我国能源效率的测度研究。魏楚和沈满洪(2007)用 DEA 测算了 1995—2004 年中国各省份的能源效率。师博和沈坤荣(2008)基于超效率 DEA 方法测度了市场分割下的中国全要素能源效率,认为中国的全要素能源效率处于稳步上升的阶段。王霄和屈小娥(2010)测度了中国制造业 28 个行业的全要素能源效率,发现 2001—2007 年间,中国制造业能源效率保持上升的趋势。

在随机前沿分析法研究方面,续竞秦和杨永恒(2012)测度了 2001—2010 年中国省际能源效率,发现我国能源效率呈从东向西递减的趋势。林伯强和杜克锐

(2013)用 SFA 测度了我国 29 个省市从 1997—2009 年的能源效率,并认为要素扭曲阻碍了能源效率的提升。王雄、岳意定和刘贯春(2013)运用 SFA,对中部六省 1990—2010 年能源效率进行了测算。武盈盈和李燕(2015)测度了山东省 37 个工业行业 2006—2013 年的能源效率。

然而以上研究都没有将污染物这一非期望产出纳入评价体系。结合现有研究来看,从能源投入和产出的经济效益角度出发,加入"坏产出",进而反映这更符合绿色经济发展的生产效率。为了处理"坏产出"问题,许多学者进行了研究。Hailu, Veeman(2001)把污染排放作为一项投入来计算,而 School(2001)把污染排放值的倒数作为非期望产出。Seiford, Zhu(2002)将"坏产出"的数值乘以 −1,再用合适的向量将数值转化为正。在我国的研究中,陈诗一(2009)采用二氧化碳的排放量来衡量非期望产出;杨文举(2011)用多种"坏产出"来衡量非期望产出,比如工业废水化学需氧量、排放量以及工业二氧化硫排放量;胡晓珍和杨龙(2011)用熵值法将非期望产出拟合成一个综合污染指数,并将其纳入非参数 DEA-Malmquist 指数模型。

影响我国经济效率的因素众多,总体归结为以下几种:

(1)产业结构。首先是第二、三产业的比重。魏楚和沈满洪(2007)的研究发现,第三产业在 GDP 中所占比重每上升 1%,能源效率将会上升 0.44%,且这种影响在逐渐增强。同时,有学者研究发现,第二产业比重越大,绿色效率值越低(钱争鸣、刘晓晨,2013;李艳军、华民,2014;叶仁道、张勇、罗堃,2017)。李晓阳、赵宏磊和林恬竹(2018)认为当前中国的产业结构阻碍了绿色效率的提升。冉英启、陈荣翼(2015)和岳鸿飞(2018)重点研究了所有制类型对绿色效率的影响,前者认为由于产权差异性,民企和外企的比重与能源效率呈正相关,后者进一步指出我国中部需要加大外商投资比重,提升东部地区私有企业比重。

(2)城镇化水平。各个国家的城镇化过程表明,若一个国家或者地区的城镇化水平在 50%—70% 之间,则该地区会出现人口、环境等诸多问题(李浩,2013)。同时,也有研究表明,城镇化水平与绿色效率之间存在显著的负相关(钱争鸣、刘晓晨,2013;任阳军、汪传旭,2017;叶仁道、张勇、罗堃,2017)。但也有人持相反的意见,王亚平、程钰和任建兰(2017)研究认为,在全国层面上,城镇化水平和绿色效率之间呈 U 形曲线的关系;在区域层面,城镇化进程在一定程度上促进东、中部绿色效率的提升,但对西部绿色效率的提升没有显著作用。

(3)经济发展状况。叶仁道、张勇、罗堃(2017)认为经济发展水平对绿色效率具有正向影响。随着经济水平的发展,技术效率会随之提升,企业对绿色产品的投资需求会增加,进而就提升了城市经济的绿色效率(李艳军,华民,2014)。与之相反,吴齐和杨桂元(2017)研究认为,经济发展对绿色效率的影响有正有负,对大部分省市来说,经济发展会降低其绿色效率,但在环境和经济协调发展的地区,经济发展状况会与绿色效率呈正相关。

(4)教育、科研投入。大部分研究认为,地区教育资源的丰裕对绿色效率有促进作用(岳鸿飞,2018;叶仁道、张勇、罗堃,2017)。他们认为整体科技实力越强的地区,绿色技术创新越活跃,因而对绿色效率有促进作用。但是吴齐和杨桂元(2017)的研究发现,自主创新能力对各个省市的绿色效率的影响有正有负。

(5)其他。钱争鸣和刘晓晨(2013)对污染治理投入和绿色效率的关系进行了研究,认为污染治理不能从根本上提高绿色效率。李艳军、华民(2014)还研究了金融发展水平和投资率对绿色效率的影响,发现这两者都对绿色效率有显著的正效应。还有学者认为清洁能源的应用将会提高经济的绿色效率(张兵兵,2014;陈关聚,2014)。

6.2 绿色效率的测度

6.2.1 绿色效率的测度方法

在测度效率方面,数据包络分析法已经成为一种常用的工具。本书采用 Tone (2003)提出的处理非期望产出的 DEA-SBM 模型来测度外国工业行业的绿色效率。这里将每一个行业看成一个独立的生产决策单元(DMU),假设每个 DMU 都分别投入要素、好产出和坏产出,则其可以表示成 $X \in \mathbf{R}^m$,$Y^g \in \mathbf{R}^{S_1}$ 和 $Y^b \in \mathbf{R}^{S_2}$,则定义矩阵 X,Y^g 和 Y^b 如下:$X=[X_1 \cdots X_n] \in \mathbf{R}^{m \times n}$,$Y^g=[Y_1^g \cdots Y_n^g] \in \mathbf{R}^{S_1 \times n}$ 和 $Y^b=[Y_1^b \cdots Y_n^b] \in \mathbf{R}^{S_2 \times n}$,其中 $X_i > 0$,$Y_i^g > 0$,$Y_i^b > 0$。

假设规模报酬不变,生产可能性集合表示为:

$$P = \{(x, y^g, y^b) \mid x \geqslant X\lambda, y^g \geqslant Y^g\lambda, y^b \geqslant Y^b\lambda\}$$

其中,λ 为权重向量,因此对于 $DMU_0(x_0, y_0^g, y_0^b)$,若不存在向量 $(x_0, y_0^g, y_0^b) \in P$ 使得 $x_0 \geqslant x$,$y_0^g \geqslant y^g$,$y_0^b \geqslant y^b$ 至少一个不等号成立,则 $DMU_0(x_0, y_0^g, y_0^b)$ 在前沿上是有效率的。

处理非期望产出的 SBM 模型可以表示为:

$$\rho = \min \frac{1 - \dfrac{1}{m} \sum_{i=1}^m \dfrac{s_1^-}{x_{i0}}}{1 + \dfrac{1}{s_1 + s_2} \left(\sum_{r=1}^{S_1} \dfrac{s_r^g}{y_{r_0}^g} + \sum_{r=1}^{S_2} \dfrac{s_r^b}{y_{r_0}^b} \right)}$$

s. t

$$\begin{cases} x_0 = X\lambda + s^- \\ y_0^g = Y^g\lambda - s^g \\ y_0^b = Y^b\lambda + s^b \\ s^- \geqslant 0, s^g \geqslant 0, \lambda \geqslant 0 \end{cases}$$

其中,s 表示投入和产出的松弛量;λ 是权重向量;ρ^* 是关于 s^-,s^g,s^b 严格递减的,并且 $0 \leqslant \rho^* \leqslant 1$。对于特定的单元,当且仅当 $\rho^* = 1$ 时,即 $s^- = 0$,$s^g = 0$,$s^b = 0$ 时,是有效率的;若 $\rho^* < 1$,则说明此单元是无效率的,在投入产出上存在改进的必要。上述模型是非线性规划,可以通过 Charnes 和 Cooper(1962)提出的方法转化为线性规划的问题:

$$\tau^* = \min\left(t - \frac{1}{m}\sum_{i=1}^{m}\frac{S_i^-}{x_{i0}}\right)$$

s. t

$$\begin{cases} 1 = t + \frac{1}{S_1 + S_2}\left(\sum_{r=1}^{s_1}\frac{S_r^g}{y_{r0}^b} + \sum_{r=1}^{s_1}\frac{S_r^b}{y_{r0}^b}\right) \\ x_0 t = X\Lambda + S^- \\ y_0^g t = Y^g\Lambda - S^g \\ y_0^g t = Y^b\Lambda + S^b \\ S^- \geqslant 0, S^g \geqslant 0, S^b \geqslant 0, \Lambda \geqslant 0 \\ t > 0 \end{cases}$$

6.2.2 指标选取以及处理

本书选取 1999—2015 年中国工业 27 个行业的年度数据计算工业的绿色效率,具体的指标选取及数据来源如下:

(1)资本投入。

本书的资本投入采用资本存量来衡量。这里的资本存量利用永续存盘法来计算,其公式为:

$$K_t = K_{t-1}(1 - \delta_t) + I_t$$

其中 K_t 为第 t 年的固定资本存量,δ_t 为第 t 年的折旧率,I_t 为第 t 年的新增投资额。本书中的折旧率 δ_t 用第 t 年的累计折旧与 $t-1$ 年的累计折旧之差比上第 t 年的固定资产原价,其中第 t 年的累积折旧用当年的固定资产原值减去当年固定资产净值得出。最后根据固定资产投资价格指数对计算出的固定资本存量进行平减,将数据转化为以 2000 年为基期的固定资本存量。以上数据均来自《中国工业统计年鉴》和《中国统计年鉴》,少数数据缺失部分用计算出的增长率推算当年数值。

（2）劳动投入。

采用第 t 年各行业规模以上工业企业年平均就业人数。数据来源于《中国工业统计年鉴》。

（3）能源投入。

本书采用各行业能源消耗总量来衡量能源投入。数据来源于《中国工业统计年鉴》和《中国统计年鉴》，部分行业缺失的数据根据前后三年增长率进行推算。

（4）期望产出与非期望产出。

本书采用各行业的工业总产值衡量期望产出，并以 1999 年为基期进行平减。数据来源于《中国工业统计年鉴》和《中国统计年鉴》。

关于非期望产出，在 DEA 模型中，计算结果对投入产出的指标数量较为敏感，过多的指标会降低计算效率。因此，本书用熵值法将工业三废这三类污染指标拟合成一个综合污染指数，将此作为测度各行业的绿色效率的非期望产出。

假设存在 m 个行业，n 项污染指标，则可形成数据矩阵 $X = (x_{ij})_{m \times n}$，然后用熵值法将其进行拟合：

（1）将指标统一度量，计算 i 省份的第 j 个指标占该指标总和的比重：$Pij = x_{ij} / \sum_{i=1}^{m} x_{ij}$。

（2）计算指标 j 的熵值：$e_j = -\dfrac{1}{\ln m} \sum_{i=1}^{m} P_{ij} ln P_{ij}$。

（3）计算各项指标的不同系数：$g_j = 1 - e_j$。

（4）计算权重：$a_j = g_j / \sum_{j=1}^{n} g_i$。

（5）计算综合污染指数：$v_i = a_j \sum_{j=1}^{n} P_{ij}$，即为 i 省份的综合污染指数。

数据来源于《环境统计公报》和《中国环境统计年鉴》。

6.2.3　绿色效率的测度结果及分析

本书使用 DEA Solver Pro5.0 软件对数据进行处理，借鉴 Tone(2004)提出的非角度、非径向的超效率数据包络分析（DEA）方法，即超效率 SBM(Super-SBM)模型，并根据工业行业的生产特点在规模报酬可变的条件下计算绿色效率。

表 6.2-1 报告了 1999—2015 年中国工业分行业的绿色效率。中国工业大部分行业的绿色效率值较低，粗放式发展特别明显。其中绿色效率最低的是非金属冶炼业，平均值只有 0.40，这主要是因为玻璃、陶瓷等非金属冶炼产品的生产过程需要消耗大量能源，其行业生产工艺一直以来就是高能耗、高污染的。烟草制品业、文教体育行业和通信设备制造业的绿色效率一直处于较高水平，这主要是因为

烟草制品业和文教体育业属于低消耗的行业,其生产过程中的废弃物排放相对较少,而通信设备制造业属于技术密集型行业,其产品生产的技术工艺较为先进,且近年来该行业的商品销售中技术服务还占据了较大比重,而技术服务则多属于低污染甚至无污染的绿色商品,因此该行业的绿色效率能够长期维持较高水平,这也应是中国工业转型升级的方向所在。

从变动趋势上看,大部分行业的绿色效率出现了下降。各行业的绿色效率变动大体上可以分为以下几类:一是绿色效率值呈一直下降的趋势,如纺织服装行业、食品加工业和金属制品业。前两者均属劳动密集型行业,技术提升空间不大,而金属制品业绿色效率下降,一方面是因其对矿产资源消耗较大,另一方面也说明该行业生产工艺和技术的变动背离了绿色发展方向。二是绿色效率一直呈上升趋势,如有色金属行业。三是绿色效率先下降,再上升,最后又下降,如黑色金属业、饮料制造业、交通运输业等大部分行业,出现这一变动的原因可能与中国的经济周期和政策变动有关。

表 6.2-1　中国工业绿色效率的测度结果

行 业		1999	2000	2005	2010	2011	2012	2013	2014	2015
轻工业	食品加工	0.698	0.560	0.540	0.483	0.492	0.496	0.482	0.454	0.430
	食品制造	0.501	0.460	0.500	0.552	0.486	0.473	0.445	0.418	0.425
	饮料制造	0.441	0.354	0.394	0.496	0.519	0.505	0.497	0.473	0.476
	烟草制品	1.000	1.000	1.000	1.000	1.000	1.000	1.000	1.000	1.000
	纺织业	0.777	0.551	0.397	0.473	0.375	0.378	0.387	0.377	0.374
	纺织服装	1.000	0.916	0.791	0.852	0.749	0.716	0.679	0.644	0.591
	皮革制品	1.000	1.000	1.000	1.000	0.904	0.878	0.827	0.785	0.760
	木材加工	0.517	0.481	0.615	0.742	0.706	0.702	0.660	0.623	0.608
	家具制造	1.000	1.000	1.000	1.000	1.000	1.000	1.000	0.756	0.729
	造纸制品	0.376	0.318	0.353	0.491	0.520	0.503	0.476	0.488	0.494
	印刷业	0.457	0.351	0.400	0.493	0.523	0.520	0.529	0.538	0.537
	文教体育	1.000	1.000	1.000	1.000	1.000	1.000	1.000	1.000	1.000
重工业	石油加工	1.000	0.955	0.830	0.694	0.647	0.606	0.579	0.589	0.593
	化学原料	0.845	0.626	0.449	0.635	0.683	0.698	0.710	0.708	0.721
	医药制造	0.553	0.525	0.423	0.555	0.594	0.607	0.612	0.616	0.610
	化学纤维	0.498	0.394	0.498	0.516	0.516	0.519	0.511	0.518	0.579
	橡胶制品	0.530	0.453	0.385	0.490	0.413	0.423	0.408	0.429	0.430

续　表

行　业		1999	2000	2005	2010	2011	2012	2013	2014	2015
	非金属	0.582	0.406	0.256	0.445	0.490	0.489	0.502	0.501	0.485
	黑色金属	0.703	0.561	0.621	0.818	0.835	0.859	0.814	0.738	0.753
	有色金属	0.453	0.408	0.477	0.633	0.631	0.638	0.669	0.691	0.710
	金属制品	0.676	0.609	0.595	0.601	0.512	0.507	0.500	0.483	0.477
轻工业	通用设备	0.481	0.437	0.538	0.582	0.584	0.491	0.504	0.543	0.508
	专用设备	0.510	0.441	0.480	0.592	0.557	0.545	0.537	0.523	0.512
	交通运输	0.799	0.672	0.579	0.926	0.933	0.882	0.878	0.905	0.840
	电气机械	0.733	0.707	0.735	0.780	0.618	0.616	0.613	0.609	0.597
	通信设备	1.000	1.000	1.000	1.000	1.000	1.000	1.000	1.000	1.000
	仪器仪表	0.777	0.748	0.977	0.964	0.975	1.000	0.988	1.000	0.971

注:因篇幅所限,部分年份测度结果未报告。

　　图 6.2-1 是中国工业总体、重工业和轻工业平均绿色效率变动情况。总体上看,中国重工业和轻工业绿色效率变化均呈倒 N 形,周期性特征明显。重工业和轻工业都在 2003 年之前呈快速下降态势,之后则开始上升,在 2010 年绿色效率达到高峰,随后再次出现快速下降状态。出现这一变动趋势的原因可能是,2003 年之前中国各地政府仍以 GDP 增长为主要政策目标,环境保护政策相对宽松,且中央对地方的考核也以经济增长为主,因此中国工业发展总体上以粗放型为主,依赖高投入实现高增长,进而导致绿色效率持续下降。2003 年中国颁布一系列新的环保政策,加强了对企业废弃物排放的监管力度,且随后的"十一五"规划还正式提出了节能减排政策,在政策倒逼下,工业绿色效率实现了逐步提升。随着 2008 年金融危机的爆发,"稳增长"再次成了各地发展的重要目标,而为了推动经济增长,各地环境保护力度也随之出现下降。另外,金融危机期间,"稳增长"政策进一步助推了粗放型发展模式,大量资金投入均为了追求产出增加,忽视了产出的绿色效率增长。

　　重工业的绿色效率明显低于轻工业,但在 2013 年之后,重工业的绿色效率开始高于轻工业。这可能是由于政府部门对重工业的环境监管趋紧有关,另外,随着重工业原有老旧生产设备的逐步淘汰,高新技术设备投入的作用逐渐呈现,且新设备带来生产技术和工艺的革新,还降低了企业对劳动力和能源的投入,因此在工业总体绿色效率不断下降的情况下,重工业的下降速度明显低于轻工业。

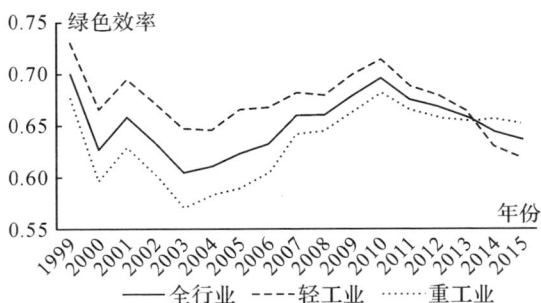

图 6.2-1 中国工业绿色效率变动情况

6.3 理论模型

6.3.1 模型构建与数据来源

上文分析了中国工业绿色效率的变动情况,本部分进一步对工业绿色效率变动的影响因素进行研究。借鉴王兵(2010)和袁鹏(2011)等人的研究,本书构建的实证模型如下:

$$\ln Green = \alpha_0 + \alpha_1 lneco_t + \alpha_2 (lneco_t)^2 + \alpha_3 ener_t + \alpha_4 heter_t + \alpha_5 scal_t + \varepsilon$$

其中 Green 为工业分行业的绿色效率,α_0 为常数项,ε 为残差项,i 为行业,t 为时间。具体的解释变量为:

(1)经济发展水平(eco):本书用各行业的工业总产值的对数来表示。为了检验绿色效率和经济发展水平之间是否存在"倒 U 形"的关系,本书还将工业总产值的平方纳入回归方程。

(2)能源消耗结构(ener):本书用电力消耗占全部能源消耗的比重来衡量能源消耗结构。根据能源使用对环境造成的影响,可以将能源分为清洁能源和非清洁能源,因此能源使用种类的不同,往往对绿色效率高低有着较大影响。

(3)行业结构(heter):本书使用国有企业占总企业数量的比重来衡量。通常,国有企业相比民营企业拥有资源优势和更大的市场份额(岳鸿飞,2018),因此在设备的更新换代上更有优势,绿色效率会随之上升。

(4)行业平均规模(scal):本书用行业的工业总产值与相应的企业数量的比重来衡量。行业的规模扩大,生产效率会因规模效应而得到提高,但如果制度和管理不合理,规模大扩张也可能使规模不经济,进而导致效率下降。

6.4 实证分析

表 6.4-1 报告了实证分析结果。从表 6.4-1 可见,经济发展水平对轻工业绿色经济效率的回归系数显著为正,而经济发展水平的平方项则对绿色经济效率有着明显的负效应。这说明经济发展水平与绿色经济效率之间存在倒 U 形关系,即绿色经济效率随经济发展水平提升呈现出先上升后下降的状态。出现这一结果的原因可能是,在经济发展水平较低的时期,经济发展能够提升轻工业生产技术水平,绿色经济效率也因此不断提升。由于轻工业的行业性质所限,其绿色技术水平持续提升的空间有限,因此在经济发展到较高水平后,绿色经济效率提升较为困难。比如,在饮料制造业中,一些大型厂商几乎垄断了三分之二以上的市场份额,并且其在早期就拥有较为完备的生产线,所以其绿色经济效率波动较小,对整体工业绿色经济效率变化的影响较小。另外,部分轻工业,如服装、纺织等行业的生产并不需要大型机械设备,且家庭作坊式生产也较为普遍,该类作坊式生产的环境监管成本会随着经济增长而不断提高,因此持续减排困难重重,进而导致绿色经济效率下降(王兵和吴延瑞,2010)。

表 6.4-1　工业绿色效率的影响因素分析结果

变量	全行业			轻工业			重工业		
$l.green$	0.326*** (0.017)	0.369** (0.047)	0.285*** (0.072)	0.470*** (0.066)	0.325*** (0.098)	0.351*** (0.105)	0.266*** (0.014)	0.158*** (0.036)	0.131*** (0.044)
eco	0.228*** (0.051)	0.373** (0.159)	0.649*** (0.184)	0.564*** (0.067)	0.859*** (0.271)	1.744*** (0.385)	−0.263** (0.125)	−0.795*** (0.186)	−0.733** (0.335)
eco^2	−0.009*** (0.002)	−0.024** (0.008)	−0.034*** (0.010)	−0.034*** (0.004)	−0.054*** (0.017)	−0.104*** (0.022)	0.016** (0.006)	0.039*** (0.010)	0.039** (0.018)
$heter$	−0.010*** (0.002)	−0.032** (0.016)	−0.029* (0.017)	−0.013 (0.008)	−0.018 (0.023)	−0.022 (0.023)	−0.047*** (0.017)	−0.067*** (0.008)	−0.055*** (0.019)
$ener$		0.374*** (0.065)	0.542*** (0.125)		0.361*** (0.062)	0.338*** (0.112)		0.537*** (0.082)	0.686*** (0.143)
$scal$			−0.119*** (0.040)			−0.076*** (0.012)			−0.118*** (0.038)
OBS	405	405	405	180	180	180	225	225	225
AR(2)	0.067	0.063	0.615	0.079	0.247	0.431	0.18	0.213	0.532
hansen	0.762	0.060	0.061	0.999	0.607	0.556	0.346	0.415	0.284

重工业的绿色经济效率与经济发展水平之间呈 U 形关系,即绿色经济效率随经济发展水平的上升,呈现出先下降后上升的趋势。在经济发展水平较低的时期,政府往往采用增加投资等高投入的方法来刺激经济发展,特别是对重工业的投入。此时,为了推动经济增长,政府和民众的环境保护和资源节约的意识普遍不强,粗放型发展特征十分明显,因此经济发展水平提升会导致重工业绿色经济效率下降。在经济发展到一定程度之后,政府和民众对健康和绿色产品的需求不断提升,环境和资源的保护意识与政策也逐渐增强,进而倒逼企业向更加集约、更加绿色的方向转型升级,因此绿色经济效率获得提升。另外,在经济发展水平较高的情况下,居民对于绿色产品的需求也在不断提升,企业也有着充足的资金对生产设备和技术进行更新换代,因此绿色经济效率会不断上升。

行业结构对绿色经济效率的影响存在行业差异,轻工业的行业结构对绿色经济效率的影响不显著,重工业的行业结构则有着显著的负向影响。这可能是因为轻工业的行业结构以非国有企业为主,国有企业占比相对较低,因此行业结构变动对轻工业绿色经济效率影响不显著。重工业中国有企业则占据了较大比重,相比民营企业,国有企业的创新活跃度和创新效率相对较低,因此其绿色技术进步的概率较低。另外,重工业,特别是其中的国有企业,仍承担着重要的社会责任和维持经济稳增长的任务,特别是在经济紧缩期,保持就业稳定与扩大投资水平等任务均会导致其绿色经济效率下降。

行业规模对于绿色经济效率具有显著的负效应,即工业绿色经济效率存在着规模不经济现象。首先,过大的企业规模会带来复杂的组织层级结构,出现管理效率低下、生产浪费等现象,进而导致绿色经济效率下降。其次,较大规模企业获得银行贷款的难度与成本一般比较小规模企业要低,且获得政府支持的可能性也更大,而较低的扩张成本容易导致大企业倾向于粗放型发展,进而不利于绿色经济效率的提升。另外,地方政府为了促进经济增长,还有可能放松对大企业的环境监管,行业规模不断扩张进而降低了绿色经济效率。

能源消耗结构的回归系数均显著为正数,即电力能源消耗的比重越大,行业的绿色效率越大。这是因为使用电力等清洁能源的企业,相较一些使用煤炭等传统能源的企业,污染物排放量更小,因而其绿色效率更高。

为了确保回归结果的稳健性,本书进一步使用工具面板分析方法对上述数据进行了实证分析,即基于 2SLS 方法的面板数据工具变量法。同时,还用差分 GMM 方法进行了稳健性检验,并报告了检验结果。其结果如表 6.4-2 所示。

表 6.4-2　中国工业绿色经济效率的影响因素稳健性检验结果

变量	工具面板			差分 GMM		
	全行业	轻工业	重工业	全行业	轻工业	重工业
$l.green$	0.796*** (0.026)	0.762*** (0.035)	0.693*** (0.061)	0.389*** (0.071)	0.404*** (0.061)	0.891 (0.839)
eco	0.253*** (0.054)	0.215*** (0.053)	−1.391*** (0.436)	0.287*** (0.152)	0.444*** (0.156)	−6.563** (0.152)
eco^2	−0.011 (0.002)	−0.010*** (0.002)	0.072*** (0.022)	−0.016** (0.008)	−0.026*** (0.008)	0.340** (0.152)
$heter$	0.011** (0.005)	0.010** (0.005)	−0.072** (0.030)	−0.003 (0.010)	−0.003 (0.011)	−0.075 (0.116)
$ener$	−0.086** (0.037)	−0.076* (0.044)	0.269** (0.115)	0.137*** (0.052)	0.148** (0.063)	0.334* (0.483)
$scal$	−0.001 (0.005)	−0.001 (0.005)	−0.023 (0.022)	−0.012 (0.023)	−0.025 (0.020)	−0.062 (0.052)
OBS	432	288	144	432	288	144
$AR(2)$	/	/	/	0.092	0.071	0.217
$hansen$	/	/	/	0.052	0.217	0.999

6.5　结论与建议

　　本书采用 Tone(2003)提出的处理非期望产出的 DEA-SBM 模型测度了 1999—2015 年中国 27 个工业分行业的绿色经济效率水平,并借助系统 GMM 方法实证分析了影响绿色经济效率变化的因素,得出的主要结论有:

　　(1)中国工业绿色经济效率变动总体呈 N 形,粗放性和周期性特征明显。中国工业大部分行业的绿色经济效率较低,行业粗放发展特征明显。从时间上看,有三个明显的周期性特征,一是 1999—2003 年的下行期,二是 2004—2010 年的上行期,三是 2011—2015 年的下行期。分轻、重工业看,重工业的绿色经济效率在大部分年份均低于轻工业,但随着轻工业绿色经济效率的快速下滑,2013 年之后重工业的绿色经济效率已明显高于轻工业。

　　(2)经济发展水平与轻工业绿色经济效率之间呈倒 U 形关系,与重工业绿色经济效率呈正 U 形关系。在经济发展水平较低时,经济发展能够促进轻工业绿色技术进步,但由于轻工业行业性质所限,其技术水平持续提升的空间有限,而部分轻工业存在的家庭作坊式的分散生产特征，又使得监管成本随经济发展水平提升而不断增长，因此绿色经济效率会出现下降情况。对于重工业而言，在经济发展初期，其粗放型发展特征较为明显，因此绿色经济效率会出现持续下降状态，但在经济发展到一定程度之后，人们对绿色产品需求的提升以及环保政策加强均会倒逼产业转型升级，进而促进绿色经济效率提升。

（3）轻工业的行业结构对绿色经济效率的影响不显著，重工业的行业结构则有着负向影响。行业规模对工业绿色经济效率有着不利影响，能源结构则对绿色经济效率有着促进作用。

当前，中国工业绿色经济效率水平仍较为低下，因此未来工业发展应切实注重绿色生产工艺与技术的提升，减少工业发展对环境的负面影响，进而为中国经济转型发展以及增长质量提高提供新型动力支撑。此外，增加国有企业经营独立性、改善能源结构以及合理控制行业规模均是提升工业绿色经济效率的重要方向。

7 浙江省经济增长质量提升动力研究：创新发展视角

    参与全球价值链生产是中国坚持开放发展战略的必然选择,也为中国经济快速发展提供了动力与活力。2015 年中国进出口总值达 24.58 万亿元,继续保持全球第一的位置,因此从贸易数量上看,中国已成为世界性贸易大国。但从贸易结构等指标来看,中国还不属于真正的贸易强国,2015 年对外出口中加工贸易占比仍高达 35%,劳动密集型产品出口占比为 20%,对外贸易结构与层次亟待转型提升[①]。长期以来,粗放型的出口导向战略不仅使得贸易摩擦与争端频发,还使得中国一直处于世界价值链低端位置,这不符合新常态下经济转型升级的发展要求,更不利于经济持续健康发展。

    自"次贷危机"爆发以来,世界性经济危机蔓延导致的全球性需求下降仍在持续,贸易保护主义有所抬头,企业深度参与全球价值链必然会面临更多的贸易壁垒与摩擦。因此,如何利用国外需求层次变迁和技术标准升级倒逼中国制造业供给质量提升,将成为企业突破当前出口困境、实现持续发展的关键所在。那么,中国在参与全球价值链的同时,制造业供给质量是否获得了提升呢?其提升的机制和障碍又是什么?科学把握中国全球价值链嵌入程度,并分析其对制造业供给质量的影响机制,不仅能够回答上述问题,更可为中国突破产能过剩约束、实现转型发展提供启示与借鉴。

7.1　文献综述

    Kougt(1985)较早地对全球价值链进行了研究,而 Gereffi(1999)则开启了现代意义上的价值链体系研究。很多学者都对全球价值链的测算方法(Hummels

---

    ①　数据来源于中国商务部《2015 年中国对外贸易发展情况》。

等，2001）和驱动因素（Henderson，1998；张辉，2006）进行过研究，但随着全球产业转型升级步伐的加快，如何基于全球价值链视角研究转型升级，特别是制造业的转型升级，则成了当下一个重要的研究方向。

由于出口学习效应（Loecker，2007；范剑勇、冯猛，2013）和技术外溢效应的存在（Javorcik，2002），发展中国家在全球价值链嵌入过程中往往能够促进制造业的供给质量的提升。特别是在发展国家具有比较有优势的劳动密集型行业，从事加工贸易便可以从发达国家获取先进的零部件、生产设备或学习模仿机会，进而实现产品质量提升（刘维林等，2014）。另外，参与全球价值链，还可以实现工艺流程升级和产品升级，进而推动发展中国家制造业供给质量的提升（刘志彪、张杰，2007）。部分学者的实证研究也显示，通过加工贸易参与全球价值链，有效地推动了中国制造业质量的提升（胡昭玲，2007）。吕越和吕云龙（2016）的研究则进一步显示，全球价值链嵌入的积极作用存在着时间差异，在嵌入初期最为明显，后期则可能出现不利影响。现阶段中国制造业的全球价值链地位已处于非常尴尬的位置：发达国家占领高端，低端的环节又被新兴起的国家逐步替代（尹彦罡、李晓华，2015），面临"标兵渐远，追兵降至"的窘境，因此通过全球价值嵌入提升制造业质量已变得越发困难。当前，中国制造业整体的全球价值链嵌入地位仍处于低位（周升起等，2014），且在低技术制造业的分工地位显著高于中高技术制造业（胡昭玲、宋佳，2013），面临着核心技术受制于人、产业竞争力低下等问题（吕越等，2015）。嵌入全球价值链低增值环节已成为制约中国制造业转型升级的重要障碍（王岚、李宏艳，2015）。

造成上述困境的原因是，发达国家仅支持发展中国家从事组装加工等工序（Humphrey，2002），进而导致发展中国家在代工体系的低端阶段被发达国家"俘获"，无法进行高端化的企业升级等（刘志彪、张杰，2007）。目前我国制造业发展仍严重依赖要素投入，技术创新能力与发达国家相比还存在较大差距，在全球价值嵌入过程中多偏向于加工组装环节（张少军、李东方，2009），因此极易陷入低端锁定陷阱。王玉燕等（2014）关于中国制造业的全球价值链嵌入与技术进步呈倒U形关系的研究结论，也进一步说明了全球价值链嵌入存在着抑制效应。随着人口红利的逐渐消失，如不尽快提升制造业的供给质量，中国制造业将在全球竞争中陷入困境。除制造业外，郭晶和刘菲菲（2015）对中国服务业国际竞争力的研究也发现，由于发达国家对高端服务业的控制，中国服务业已处于低端锁定的格局。

现阶段，如何破解上述困境已成了学界研究的热点内容之一。在全球价值链嵌入过程中，发展中国家一旦损害到发达国家利益，则会遭受被封锁与抑制的命运（王玉燕等，2014）。如果嵌入企业的技术水平不高，则会在低端阶段被发达国家俘获(刘志彪、张杰,2007),供给质量提升也变得遥遥无期。如果企业能够提升产品技术水平,则有可能突破发达国家的封锁,进而通过全球价值链嵌入实现供给质量的提升,而提升技术水平的关键则是加大 R&D 的投入,如吴延兵(2007)的研究就表明了制造业 R&D 投入的重要作用。因此,加大研发投入能够改变全球价值链嵌入对后发国家的不利影响,并在后期呈现出显著的积极作用(王岚,2014)。

因此,基于全球价值链视角提升制造业质量的关键仍是技术创新,特别是核心技术的创新(姚洋、张晔,2008)。未来中国通过参与全球价值链提升制造业质量,仍需提高企业的技术研发能力(Humphrey,2004)。其他学者的研究也显示出研发投入对中国制造业价值链提升有着重要影响(周彩虹,2009),因此对中国制造业供给质量的研究,应考虑研发投入这一重要因素。但已有研究鲜有涉及全球价值链嵌入对中国制造业供给质量提升的影响机制,也没有从实证层面探索研发投入在上述影响机制中的作用。因此,本书将基于全球价值链嵌入视角对中国制造业供给质量提升的机制进行研究,并分析研发投入强度对上述机制的影响机理,进而为中国制造业的转型升级提供经验借鉴与政策启示。

7.2　理论模型

7.2.1　变量选取与数据来源

以制造业供给质量为被解释变量,全球价值链嵌入为核心解释变量,具体选取的变量及数据来源如下:

(1)制造业供给质量(Q)。国家质量监督检验检疫总局从质量水平与发展能力两个方面构建过测度中国制造业质量竞争力的指标体系,该指数能够较好地衡量中国制造业的质量、技术与市场适用能力等特征,因此本书使用该指数作为制造业供给质量的代理变量。

(2)研发强度(R)。提高研发能力,是企业通过参与全球价值链获得更大收益的关键所在(Humphrey,2004),因此在分析全球价值链嵌入对制造业供给质量影响时,还需考虑企业研发强度的影响。本书使用 R&D 占 GDP 的比例作为研发强度的代理变量。

(3)经济发展水平(GDP)。经济发展水平的提升会带来更高层次和结构多样化的产品需求,进而通过需求提升倒逼制造业供给质量的提升。本书使用各省市人均 GDP 数据作为经济发展水平的代理变量,并以 2005 年价格为基期,根据 GDP 平减指数对数据进行平减处理。

（4）利用外资水平（FDI）。利用外资对国内厂商存在着挤出效应和溢出效应，这两种效应对制造业供给质量的提升有着相反的影响，因此利用外资的水平对制造业供给质量的影响也因两者效应的变化而出现不同结果。本书使用外商及港澳台商投资工业企业固定资产与规模以上工业固定资产的比值衡量利用外资水平。

（5）开放程度（T）。与利用外资的效应较为类似，开放程度也可能存在着两方面的影响，进而导致最终影响的不确定性。本书使用进出口总额占 GDP 的比例衡量开放程度。

（6）人力资本水平（HUM）。一方面，人力资本的增长能够提高资本的利用效率；另一方面，人力资本增长本身就是技术进步的体现。资本利用效率提升和技术进步都是制造业供给质量提升的重要动力。本书参考杨君和肖明月（2015）的做法，使用大专及以上人口作为人力资本的代理变量。

（7）专利数量（P）。专利数量在一定程度上反映了产品的创新程度，因此专利数量的增长可能会带来制造业供给质量的提升，该指标使用国内专利申请授权量（项）衡量。

（8）全球价值链嵌入。全球价值链嵌入可使用出口贸易中国外附加值占总附加值的比值来表示（刘胜等，2016），而出口贸易又可以分为一般贸易和加工贸易，因此对全球价值链嵌入的测度需对贸易形式进行区分。本书借鉴唐东波（2013）的研究，假定加工贸易中的进口中间品全都用于出口，而一般贸易中进口中间品的价值则被均匀地分配到出口生产和国内消费品生产中。因此，一般贸易中包含的进口品价值的比重为：

$$G_1 = \frac{M_1 X_1 / (Y_1 - X_2)}{X_1 + X_2} \tag{1}$$

其中，M_1 为一般贸易中进口中间品的价值，X_1 和 X_2 分别表示一般贸易和加工贸易的出口价值，Y_1 表示行业总产值。

由于加工贸易产品的生产较少使用本国中间品，因此可以使用加工贸易的进口额与出口额的比重表示：

$$G_2 = \frac{M_2}{X_1 + X_2} \tag{2}$$

其中，M_2 表示加工贸易中进口中间品的价值。

因此，全球价值链嵌入水平的计算公式为：

$$GVC = G_1 + G_2 = \frac{M_2 + M_1 X_1 / (Y_1 - X_2)}{X_1 + X_2} \tag{3}$$

根据上述方法，本书对全球价值链嵌入进行了实证测度，由于部分省市的数据缺失,本书仅测度了 2005—2014 年中国 24 个省区市的全球价值链嵌入水平[①],具体的结果如图 7.2-1 所示。

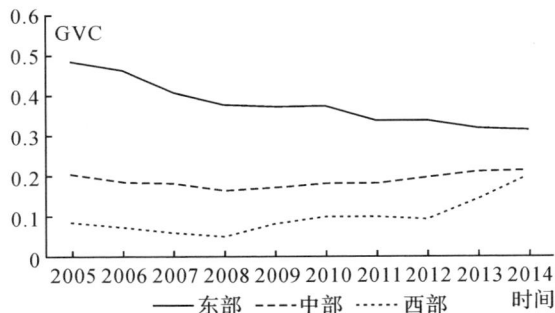

图 7.2-1 中国各区域全球价值链嵌入水平

　　从地理位置上看,中国全球价值链嵌入呈现出“东高西低”的特征,且地区间变动的差异明显。从数值上看,东部地区的全球价值链嵌入水平最高,中部次之,西部最低,这可能与中国区域外向发展程度有关。东部地区对外开放水平较高,跨国公司密度大,全球化生产程度高,产品生产广泛使用国外进口的中间品,因此有着较高的全球价值链嵌入水平。中西部地区则因地理区位和经济发展水平等因素限制,参与全球化生产程度不高,全球价值链嵌入水平较低。

　　从变动趋势上看,中国全球价值链嵌入呈现出“东降西升”的特征。东部地区全球价值链嵌入的下降趋势较为明显,从 2005 年的 0.486 下降到 2014 年的 0.314;中部地区相对较为平稳,基本在 0.2 上下波动;西部地区则呈上升趋势,从 2005 年的 0.085 上升到 2014 年的 0.2。造成这一现象的原因可能是,一方面随着东部地区经济发展水平的提升,加工贸易的占比逐年下降;另一方面,东部地区通过全球化生产进行的模仿与学习,提高了其技术水平,对外部产品和技术的依赖在逐渐下降,出口产品中的国内价值占比不断提升。随着东部地区经济发展水平的提升,大量加工贸易企业也在逐步向中西部地区转移,加上中西部地区对外开放程度的不断加深,其全球价值链嵌入水平在一定程度上得到了提升。

　　中国全球价值链嵌入还呈现出“单核集聚”的特征。根据东、中、西部的全球价值链嵌入的数值变化可以发现,中国区域间的差异在逐渐下降,进一步使用 Kernel 密度分析法也显示出这一变化趋势(图 7.2-2 所示)。2005 年、2010 年和 2014 年的 Kernel 密度图均呈现出单顶点均衡特征,这说明中国省区市之间的全球价值链嵌入呈单核集聚状态,即大部分省区市的全球价值链嵌入水平呈现出趋同特征。

[①]　由于海南、内蒙古、云南、四川、贵州和西藏的数据缺失,本书没有对这些省区进行测度。

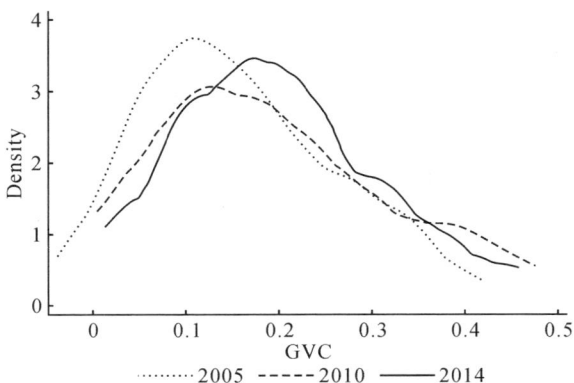

图 7.2-2　全球价值链的 Kernel 密度图

　　以上数据均来源于国家统计局网上数据库和各区省市的统计年鉴，各变量的描述性统计特征如表 7.2-1 所示。

表 7.2-1　变量的描述性统计特征

变量	观察值	均值	标准差	最小值	最大值
Q	240	81.74	3.92	71.74	91.22
GVC	240	0.22	0.19	0.003	0.93
GDP	240	2.74	1.54	0.76	8.89
T	240	0.33	0.38	0.04	1.70
FDI	240	0.16	0.12	0.01	0.53
Hum	240	14.79	0.74	12.54	16.00
P	240	9.02	1.56	4.37	12.51
R	240	1.43	1.05	0.25	6.08

7.2.2　模型设定

　　根据文献综述部分可知，受研发强度的影响，价值链嵌入对制造业供给质量的影响可能会呈现出非线性关系，为了探寻两者之间的非线性关系的形态，以及门槛值的大小，本书选择面板门槛效应模型进行实证研究。同时，为了确保样本区间划分的合理性并减少模型估计偏误，本书借鉴 Hansen（1999）的面板门槛模型，根据样本数据的自身特点找寻门槛值，进而建立门槛效应模型。以研发强度作为门槛值，单一门槛的实证模型可设定如下：

$$Q_{it} = \mu_i + \beta_1 GVC_{it}(R_{it} \leqslant \gamma) + \beta_2 GVC_{it}(R_{it} > \gamma) + \beta' X_{it} + \varepsilon_{it} \qquad （4）$$

其中，μ 表示不随时间变化的个体效应，β_1、β_2 和 β' 为待估计系数，γ 为待估计的门槛值,X_{it} 为控制变量,ε 为随机干扰项。同理,也可以建立双门槛、三门槛等 n 个门槛的实证模型,具体如下:

$$Q_{it} = \mu_i + \beta_1 GVC_{it}(R_{it} \leqslant \gamma_1) + \beta_2 GVC_{it}(\gamma_1 < R_{it} \leqslant \gamma_2) + \cdots + \beta_{n+1} GVC_{it}(\gamma_n < R_{it}) + \beta'X_{it} + \varepsilon_{it} \tag{5}$$

因此,合理确定门槛值的数量是建立实证模型的前提,本书使用 Hansen (1999)"自抽样法"模拟似然比统计量的渐近分布,并结合 P 值判断门槛值的数量,表 7.2-2 报告了不同门限检验类型的 F 统计量和采用自抽样法计算出的 P 值,三种门槛均在 1% 水平上通过了显著性检验,因此认为存在三个门槛值。

表 7.2-2　门槛数量检验

门槛数	F 值	P 值	临界值		
			10%	5%	1%
单一门槛	67.42***	0.00	2.52	3.82	5.99
双门槛	29.05***	0.00	−6.80	−3.51	2.44
三门槛	8.32***	0.00	2.45	3.90	7.29

注:***、** 和 * 分别表示在 1%、5% 和 10% 水平上显著,下同。

确定门槛数量后,还需依据似然比检验统计量为 0 时 γ 的取值,以确定门槛值的大小。表 7.2-3 报告了研发强度的三个门槛值及其 95% 置信区间,三个门槛值分别为 0.67,1.06 和 1.67。

表 7.2-3　门槛估计值

门槛值	95% 置信区间
0.67	[0.28, 0.84]
1.06	[1.00, 1.17]
1.67	[1.51, 1.95]

据此,本书以研发强度为门槛值构造的三门槛效应模型为:

$$Q_{it} = \mu_i + \beta_1 GVC_{it}(R_{it} \leqslant 0.67) + \beta_2 GVC_{it}(0.67 < R_{it} \leqslant 1.06) + \beta_3 GVC_{it}(1.06 < R_{it} \leqslant 1.67) + \beta_3 GVC_{it}(1.67 < R_{it}) + \beta'X_{it} + \varepsilon_{it} \tag{6}$$

7.3　实证分析

以式(6)作为本书的面板门槛效应模型,并使用 Stata14 软件进行计量分析,具体的回归结果如表 7.3-1 所示。

表 7.3-1 门槛效应回归结果

变量	系数	OLS 标准误	稳健标准误
GDP	1.32**	0.55	0.59
T	3.71	2.84	2.58
FDI	9.48	9.59	9.17
HUM	−2.25**	1.15	1.16
P	−0.36	0.54	0.56
GVC(R≤0.67)	−6.19*	3.75	3.77
GVC(0.67<R≤1.06)	−0.53	3.32	3.17
GVC(1.06<R≤1.67)	6.67**	3.23	3.36
GVC(1.67<R)	20.34***	3.47	3.09

当 $R < \lambda_1$ 时,GVC 的回归系数显著为负,说明全球价值链嵌入降低了中国制造业的供给质量。造成这一现象的原因可能是,在研发投入较低的情况下($R < \lambda_1$),国内制造业企业技术积累不足,主要偏向于从事加工贸易,在面对发达国家阻碍和控制其代工生产体系升级时(刘志彪、张杰,2007),缺乏相应的应对措施,因此全球价值链嵌入不利于制造业供给质量的提升。另外,全球价值链嵌入程度的提升,也使得国内大量企业面临着更加激烈的国际市场竞争,而国内企业在国际分工体系中的比较优势主要集中在劳动密集型行业,技术产品在国际市场的竞争力较低(王玉燕、林汉川,2015),技术研发短板导致国内制造业市场不断被蚕食,容易陷入市场和资金双重缺乏的困境,供给质量提升困难重重。全球价值链嵌入还存在"嵌入成本"(Melitz,2003),如果全球价值链嵌入程度不够高,嵌入的收益无法抵消嵌入成本,则有可能导致生产效率的损失和供给质量的下降。

当研发投入越过第一个门槛值,但小于第二个门槛值时,全球价值链嵌入的回归系数变得不显著。这可能是因为,随着研发投入的提升($\lambda_1 < R < \lambda_2$),国内制造业技术水平也在逐步积累,部分企业开始转型从事一般贸易,因此制造业质量出现了提升。但此时国内制造业的技术水平仍相对较低,缺乏与发达国家在高技术、高附加值贸易方面竞争的能力与经验,全球价值链嵌入的收益与不利影响大致相当,因此对制造业供给质量的影响不明显。

当研发投入越过第二个门槛值后(λ_2),全球价值链嵌入对制造业供给质量便产生了显著的正向影响。这说明,当中国制造业的研发投入提升后,部分企业的技术水平在国际市场的竞争力开始增长,能够突破发达国家的技术封锁或捕获,因此全球价值链嵌入促进了制造业供给质量的提升,这也验证了技术研发对获取 GVC

福利的重要性(Baldwin 和 Yan,2014)。另外,技术型企业在嵌入全球价值链时有较强的"学习效应"(吕越、吕云龙,2016),制造业研发投入的提升,除了提高了自身技术水平外,还增强了学习、模仿国外先进产品的能力,因此全球价值链嵌入对制造业供给质量提升有着显著的促进作用。当 $R > \lambda_3$ 时,GVC 的回归系数仍显著为正,但系数比前一阶段变得更大,这也说明制造业研发投入越高,其参与全球价值链带来的质量提升越明显。

在控制变量方面,人均 GDP 对制造业供给质量有着显著的正向影响。这说明随着人均 GDP 的增长,中国参与全球价值链中高附加值的环节在提升(苏庆义、高凌云,2015),因此能够提高制造业的供给质量。人力资本对制造业供给质量有着显著的负向影响,这与理论预期相反。一般地,人力资本丰富的地区更容易吸引先进技术的流入(杨君、肖明月,2015),且人力资本提升更容易促进技术进步的出现,进而带来制造业供给质量的提升。而造成人力资本在中国出现负向影响的原因可能有:一是中国先进的技术并没有流向人力资本丰裕的地区,而是在区域"引资竞争"的影响下,流向了"政策优惠"区域,人力资本的积极效应受此影响而无法充分发挥;二是本书使用大专以上毕业人数占比作为人力资本的代理变量,这一变量是基于受教育程度层面反映人力资本水平,而中国大学扩招可能导致了基于受教育程度层面衡量的人力资本质量的下降,进而使得其对制造业供给质量产生了负向影响。开放程度和利用外资水平的回归结果均为正,但没有通过显著性检验,这说明中国对外开放和引进外资已无法提升制造业的供给质量。中国已经度过了资本相对缺乏时期,现阶段外向发展的重点是引进先进技术与管理经验,单纯的数量扩张已无法满足中国制造业供给质量提升的需要。专利数量的回归结果也不显著,这可能是因为专利授权量虽然取得了快速增长,但专利的质量较低,特别是许多重要的核心专利技术仍有待取得突破性进展,以打破发达国家的封锁限制。

7.3.1 分地区回归结果

前文分析显示,当研发强度大于 1.06 时,价值链嵌入对制造业供给质量的影响转为显著的正向促进作用,因此按照上文分析结果可以有如下推论:在高研发地区(研发强度大于 1.06),价值链嵌入对制造业质量有着正向影响;在低研发地区(研发强度小于 1.06),价值链嵌入对制造业质量的影响不显著;当研发强度小于0.67 时,价值链嵌入对制造业质量的影响为负,由于只有新疆、青海和广西三个省份部分年度的研发强度小于 0.67,所以本书将其归入研发强度小于 1.06 的小组一起进行回归检验。

本部分将根据平均值的分组结果(如表 7.3-2 所示),分别对高研发组和低研发组进行检验,如果检验结果符合上述推论,则表明门槛回归结果是稳健的。具体的检验结果如表 7.3-3 所示，其中模型 1 和模型 2 为差分 GMM 回归结果，模型 3 和模型 4 为系统 GMM 回归结果。分组回归结果显示，在高研发地区，价值链嵌入促进了制造业质量的提升，在低研发地区，价值链嵌入的影响并不显著，符合上述研究推论，进一步验证了回归结果的稳健性。

表 7.3-2　按研发强度的分组结果

年　份	研发强度 R≤1.06	研发强度 R＞1.06
2014	河北、吉林、江西、广西、宁夏、青海、新疆	余下省份
2010	河北、河南、吉林、江西、山西、甘肃、广西、宁夏、青海、新疆	余下省份
2005	河北、山东、广东、福建、安徽、河南、黑龙江、湖南、吉林、江西、山西、甘肃、广西、宁夏、青海、新疆、重庆	余下省份
2005—2014 年平均值	河北、河南、黑龙江、吉林、江西、山西、甘肃、广西、宁夏、青海、新疆	余下省份

表 7.3-3　分地区回归结果

变　量	高研发组				低研发组			
	模型 1	模型 2	模型 3	模型 4	模型 1	模型 2	模型 3	模型 4
GVC	5.95***	8.42**	3.15*	5.15**	−1.55	−1.58	−1.72	−7.33
T		−3.69***		0.58		−0.95		−0.36
HUM		3.02***		2.99*		2.06***		2.40*
常数项			9.22***	8.79			13.41***	5.05
OBS	104	117	117	117	104	104	117	117
AR(2)	0.52	0.54	0.58	0.59	0.64	0.72	0.65	0.81
Sargan	0.99	0.53	0.63	0.97	0.34	0.10	0.26	0.46

注：根据门槛效应计量结果，本次地区回归剔除了 GDP、P 和 T 三个不显著控制变量。

7.3.2　稳健性检验

为了验证上述门槛效应模型回归结果的稳健性，确保本书研究结论的可信度，本部分将从以下两个角度进行稳健性检验。

7.3.2.1　加入价值链嵌入与研发强度的交叉项

存在研发强度约束时，检验 GVC 与制造业质量之间的非线性关系，可以在回归分析中加入 GVC 与研发强度的交叉项，通过对交叉项系数的分析检验上述门槛模型的稳健性。表 7.3-4 为加入交叉项后的工具面板方法回归结果。

表 7.3-4　加入交叉项的回归结果

变　　量	模型 1	模型 2	模型 3	模型 4
GVC	11.23***	−1.69	10.17**	−4.03
GVC * R		5.93***		5.84***
GDP			1.52**	1.21*
T			1.56	3.90
FDI			15.37	12.43
HUM			−3.45*	−1.99
P			−0.15	−0.21
常数项	79.34***	80.45***	124.64***	105.57***
OBS	216	216	216	216
R2	0.05	0.26	0.08	0.28
F 值	5.21***	3.76***	4.40***	3.39***

表 7.3-4 中的模型 1 和模型 3 为没加入交叉项的回归结果,此时 GVC 的系数均显著为正,即不考虑研发投入时,GVC 促进了制造业质量的提升。模型 2 和 4 是加入交叉项后的回归结果,此时交叉项回归系数均为正,GVC 的系数则可分别表示为(−1.69,5.93R)和(−4.03,5.84R),该结果说明,当研发投入水平较低时,GVC 对制造业质量提升有负向影响。随着研发水平的提升,当突破第二个门槛值后,GVC 对制造业质量提升便呈现出正向作用,且随着研发水平的不断提升,GVC 对制造业质量提升的促进作用也在不断增强。其他控制了变量的回归结果也与门槛模型回归结果基本一致,因此可以认为门槛模型回归结果是稳健的。

7.3.2.2　加入价值链嵌入的二次项

根据上文分析可知,GVC 对制造业质量的影响方向呈先下降后上升状态,比较符合 U 型非线性关系,为了进一步检验上述 U 型回归结果的稳健性,并考虑到变量间的内生性问题,本书加入 GVC 的二次项并使用 GMM 方法进行回归,具体的回归结果如表 7.3-5 所示,其中模型 1 和模型 2 是差分 GMM 回归结果,模型 3 和模型 4 是系统 GMM 回归结果。根据表 7.3-5 可知,GVC 的回归系数为负,GVC 二次项回归系数为正,即 GVC 在初期不利于中国制造业质量的提升,后期则有着显著的正向影响,与上文 U 型非线性回归结果保持一致。其他控制变量的回归结果也与上文结果保持一致。

表 7.3-5　加入 GVC 二次项的回归结果

变　量	模型 1	模型 2	模型 3	模型 4
GVC	−19.75***	−11.59	−20.83**	−17.01
GVC2	27.02**	32.39***	28.45**	38.86*
GDP		0.63		−0.86
T		−0.79		−9.89*
FDI		−3.34		2.21
HUM		−8.53***		−5.08*
P		1.89		1.94
常数项			77.00***	109.58***
OBS	192	192	216	216
AR(2)	0.18	0.50	0.25	0.10
Sargan	0.16	0.16	0.49	0.35

7.4　结论与建议

　　本书基于 2005—2014 年的数据,对中国省级层面全球价值链嵌入水平进行了实证测度,并以研发强度作为门槛变量,分析了全球价值链嵌入对制造业供给质量提升的影响,得出的主要结论与启示有:

　　(1)中国全球价值链嵌入东高西低、东降西升与单核集聚特征明显。中国区域开放发展水平呈东、中、西依次递减状态,因此对区域参与全球价值链的程度造成了不同影响。从变动趋势上看,则呈现出"东降西升"特征,东部地区在逐年下降,中西部地区则在缓慢上升,区域间趋势模型趋同。Kernel 密度分析也显示出明显的单核集聚特征,即大部分省市的全球价值链嵌入水平在逐渐趋同。

　　(2)全球价值链嵌入对中国制造业供给质量的影响呈 U 形。在研发强度较低时,国内制造业的技术积累不足,多偏向于从事加工贸易,容易陷入"低端锁定"陷阱与"市场、资金双重缺乏"困境,因此供给质量提升困难重重。随着研发强度的提高,国内制造业技术水平的提升能够抵消参与全球价值链带来的不利影响,且技术实力的积累还为突破发达国家技术封锁或捕获打下了坚实基础,因而有利于制造业供给质量的提升。另外,技术型企业还有着较强的"学习效应",研发强度越高,参与全球价值链对制造业供给质量的提升作用越明显。

（3）"政策寻求型"投资和教育质量下降，是导致人力资本出现负向影响的重要原因。中国部分资本可能并没有流向人力资本丰裕的地区，而是流向了"政策优惠"区域。中国省区市间"政策优惠型"引资政策不利于人力资本效益的正常发挥，也无法促进制造业供给质量的提升。另外，1999年开始的大学扩招、教育年限增长并没有带来人力资本的同步上升，因此导致了人力资本对制造业供给质量的负向影响。

（4）在其他控制变量方面，人均GDP对制造业供给质量有着显著的正向影响，对开放程度、利用外资水平和专利数量均没有显著影响。中国已度过资本匮乏的时期，如何提高开放和引资的质量则显得更为重要。另外，企业只有不断提升专利技术的质量，特别是核心专利技术的研发，才能带来供给质量的增长。

8 浙江省经济增长质量提升动力研究:开放发展视角

随着中国经济逐渐步入新常态,浙江经济原有增长动力已逐渐无力支撑浙江经济的进一步快速增长,且在经过多年的高速增长之后,经济增长的重心已由原来的追逐速度向寻求质量转变。当前,融入全球化生产体系,推进产业技术升级仍是发展中国家实现经济增长质量提升的重要路径,即在开放发展的背景下,探寻经济增长质量提升的动力机制仍有着重要的现实意义。因此本章将基于开放发展视角对浙江经济增长质量提升动力进行研究。以往学者在经济增长质量测度方法进行过较多有意义的研究,如钞小静和任保平(2011)、毛其淋(2012)等均对中国的经济增长质量进行过测度,肖明月和杨君(2015)也在其基础上,建立了测度浙江省经济增长质量的指标体系,并使用主成分分析法进行了实证测度,本报告将在此基础上对浙江省经济增长质量数据进行进一步测度,基于开放发展视角探索浙江经济增长质量提升的动力机制,以为经济发展提供参考。

8.1 理论模型

影响经济增长质量的因素较多,本部分重点从开放发展视角进行分析。鉴于全球化生产已成为当前经济主要趋势,仅从要素投入与全球价值链嵌入程度进行分析,所建立的计量模型为:

$$QU = C + GVC + K + L + TFP \tag{1}$$

模型中各指标所表示的经济含义如下:

(1)经济增长质量(QU)。借鉴肖明月、杨君(2014)的研究,本书构建了一个测度浙江省经济增长质量的指标体系,并使用主成分分析法对2000—2014年的数据进行了实证测度。

(2)资本存量(K)。根据浙江省历年固定资本形成数据,使用永续盘存法进行计算,折旧率取 10.96%,基期数据来源于单豪杰(2008)的计算结果。

(3)人力资本(L)。该数据来源于《中国人力资本报告 2016》。

(4)价值链嵌入(GVC)。借鉴于津平(2013)的方法将对外贸易区分为一般贸易和加工贸易,并假设进口品都用作中间投入,一般贸易进口价值被均匀分配到产品的出口生产和国内生产中,而加工贸易进口中间品则全部用于出口。于是一般贸易出口品和加工贸易包含进口价值比例分别为:

$$FVAR^O = \frac{M^o * X_o/(G - X_p)}{X_i} \tag{2}$$

$$FVAR^P = \frac{M^p}{X_i} \tag{3}$$

合并(2)(3)最终得到公式:

$$GVC = \frac{M^p + M^o * X^o/(G - X^p)}{X_i} \tag{4}$$

用 GVC 表示价值链嵌入度,M^p、M^o 分别表示加工贸易进口价值和一般贸易进口价值,X^p、X^O 分别表示加工贸易出口价值和一般贸易出口价值,$M^o * X^o/(G - X^p)$ 表示一般贸易进口中间品用于出口的价值,分子表示进口中间品用于出口的含量,X_i 为总出口,G 为总产值。

利用上述测度公式,最终的测度结果如图 8.1-1 所示。图 8.1-1 反映的浙江省近 15 年的价值链嵌入,均值稳定在 0.2 左右,最高点出现在 2003 年为 0.261,最低点出现在 2014 年为 0.134,整体呈现先扬后抑的趋势。

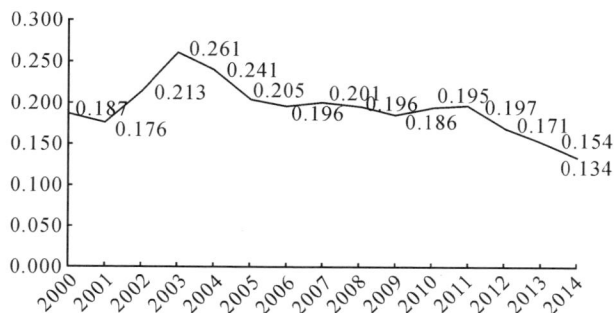

图 8.1-1 浙江省价值链嵌入的测度结果

数据来源:《浙江统计年鉴》和《中国统计年鉴》。

变量的描述性统计分析如表 8.1-1 所示。

表 8.1-1　变量的描述性统计结果

	TFP	K	L	GVC	QU
平均值	3.22	11269.88	4165.73	0.19	1.09
中间值	2.90	10284.86	3812.00	0.20	0.85
最大值	5.20	22096.33	7288.42	0.26	2.62
最小值	1.40	3810.71	1952.00	0.13	0.06
标准差	1.20	5955.01	1760.76	0.03	0.96
观察值	15	15	15	15	15

8.2　实证分析

首先对变量进行单位根检验,结果显示经济增长质量与价值链嵌入、人力资本与资本投入数据二阶均为平稳,各变量的单位根检验如表 8.2-1 所示。

表 8.2-1　单位根检验结果

变量	QU	GVC	K	L
原数据	0.91	-0.52	11.73^{***}	4.20^{***}
二阶差分	-4.75^{***}	-3.52^{***}	-3.53^{***}	-4.93^{***}

考虑各个变量之间可能具有协整关系,首先根据计量模型进行回归分析,具体结果如表 8.2-2 所示,然后对回归残差进行平稳性检验,以确定变量之间是否存在协整关系。

表 8.2-2　回归结果

QE	系数	T 统计量	P 值
GVC	-2.55	-2.05	0.06
L	1.12	2.59	0.03
K	-0.18	-1.40	0.19
C	-1.04	-2.45	0.03

根据回归分析结果,可以得到如下方程:

$$QU = -255GVC + 112L - 018K - 104 \tag{5}$$

模型拟合效果非常好,各变量除了资本投入外都是显著的,协整模型反映的是经济变量的长期关系。增长质量与 GVC 嵌入存在明显的负相关关系,也就是价值链嵌入越高,经济增长质量越低,本报告的价值链嵌入采用垂直专业化方法测量的国外附加值率作为替代变量,价值链嵌入越高,出口产值中来自国外的价值含量越大,经济增长对国外的依赖性越大,自主生产创造的产业越难以出口,很明显是不利于经济增长的,这一点与我们的预想是相符的。人力资本方面本书选用的是大专以上人口比例,代表的是相对高素质的人群,科技研发创造、从事高科技活动的主要是这部分人群,其数量的增长体现的是国民整体素质水平的提高,因此本书人力资本与经济增长质量存在正相关关系。资本存量的回归结果并不显著,说明资本存量对经济增长质量的作用不明显。

对回归残差进行平稳性检验,结果显示为平稳,因此变量之间存在协整关系,可以构建误差修正模型。(如表 8.2-3 所示)

表 8.2-3　回归残差单位根检验结果

	T 统计值	1%显著水平	5%显著水平	10%显著水平
Z(t)	−3.02	−2.66	−1.95	−1.60

为了研究变量间的短期关系,本书进一步使用误差修正模型进行分析,结果如式(6)所示,括号内数据表示该变量对应的 T 统计值。

$$QU = -27GVC + 1108 L + 049K - 178\xi - 002 \tag{6}$$
$$(-2.62) \quad (4.35) \quad (0.20) \quad (-4.82) \quad (-0.62)$$

误差修正模型反映的是变量之间短期的关系,从模型中可以看出,价值链嵌入的系数为负,变量资本存量依然不显著,而人力资本呈正相关。价值链嵌入的系数为负,且系数值的绝对值大于1,说明价值链嵌入程度越高,经济增长质量下降的速度越快,相反,如果价值链嵌入程度越来越低,那么经济增长质量会越高。人力资本系数为正且大于1,人力资本的增长将会促进经济质量的提升。

脉冲响应函数反映在内生变量的误差项上施加一个标注差大小的冲击对系统产生的动态影响。本书分析价值链嵌入(GVC)、人力资本(L)、资本存量(K)对经济质量(QU)的冲击,脉冲响应分析结果如图 8.2-1 至图 8.2-3 所示。

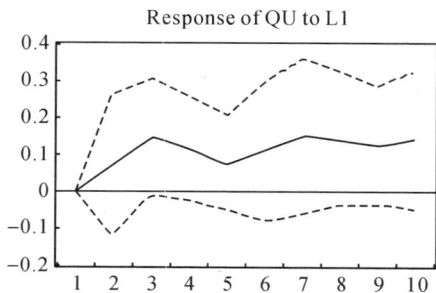

图 8.2-1　QU 对 L 冲击的响应

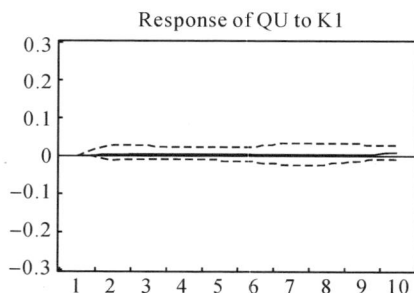

图 8.2-2　QU 对 K 冲击的响应

Response of QU to GVC

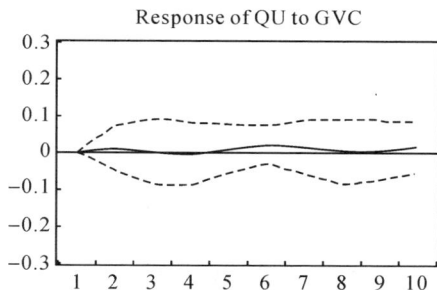

图 8.2-3　QU 对 GVC 冲击的响应

人力资本对经济增长质量有着长期的正向影响，并且影响的滞后作用较长。当给本期的人力资本一个冲击后，由于人力资本发挥作用缓慢，所以它对经济的影响是逐渐体现出来的。人力资本不同于资本存量，较高的人力资本进入市场后，会提高相应行业的整体技能水平、工作效率以及由于高素质劳动力带动的整体人员素质的提升，因此人力资本的冲击对经济增长质量会产生长期的正向影响，从而提升经济增长质量。当前，人力资本依然是拉升经济质量的关键要素，加大对人力资本的投入，无论是从短期还是长期而言都会对经济增长质量提供重要的推动力。

资本存量对经济增长质量的影响不显著。当给资本存量一个冲击后，资本存量的冲击作用微弱且平稳。投资、消费与出口是拉动经济的三驾马车，在发展初期，投资对经济的作用相当明显，浙江依靠高投资也取得了巨大成就，而近些年投资数量的增长对经济的作用已越来越弱，特别是经济增长质量的提升，更需要全新的驱动力。投资驱动型增长模式的发展，多是因为早期行业缺乏资金，但当资本充足的时候，进一步的资本投入往往无法引起经济的增长，反而导致产能过剩和产业效率的降低，因此浙江省现阶段需要的是资本的合理投入与资源的优化配置，进而推动经济增长质量的提升。

价值链嵌入对经济增长质量的冲击作用不明显，冲击作用围绕 0 值平稳微弱地波动。价值链嵌入反映的是浙江省参与国际贸易的深度，依靠"干中学"，对国外先进管理经验和先进技术的学习有利于提升本土经济质量，因此这种依赖在早期对经济增长的作用较大。然而，当这种依赖程度达到一定阈值后，可能会导致本土经济自主创新能力的减弱。一方面是对外依赖较大，不利于国内自主创新能力的提升；另一方面关键技术与管理能力可能会受到国外发达国家的压制，因此价值链嵌入对经济增长质量的负作用较为明显。浙江省作为较早嵌入全球经济之中，出口较为发达的省份之一，近些年来，价值链嵌入程度有所下降，自主创新能力不断增强，对国外的依赖度反而降低，因此价值链嵌入对经济增长质量的影响也在逐渐变小。

8.3　结论与建议

根据上述分析,本研究重点分析了人力资本、资本存量和价值链嵌入对浙江省经济增长质量的影响,主要的结论有:

(1)人力资本对浙江经济增长质量有着长期的正向影响,并且影响的滞后作用较长。较高的人力资本进入市场后,会提高相应行业的整体技能水平和劳动生产效率,改变浙江经济长期以来低技术水平劳动的状况,提高经济增长的质量。因此政府应加大对教育的投资,并引导企业进行劳动力的培训工作,切实提升劳动力的素质。另外,还应加强对高新产业的引进与投入力度,推进产业转型升级,增加高水平劳动力的就业岗位。

(2)资本存量对经济质量的影响不显著。这说明投资驱动型增长模式在浙江已遇到较大问题,继续增加投资并不能改善浙江省经济增长的质量。经过多年的高速发展,浙江现阶段已不缺乏普通资本的投入,而是需要加快对存量资本的升级,并重点引入技术含量高的资本,从而向质量驱动型增长之路转变。

(3)价值链嵌入对经济增长质量有负向作用,但脉冲响应进一步表明该负向冲击作用不明显。参与到全球价值链,依靠"干中学",对国外先进管理经验和先进技术的学习有利于提升本土经济质量,然而,当这种依赖程度达到一定阈值后,可能会导致本土经济自主创新能力的减弱,因此价值链嵌入对经济增长质量会有这些负向影响。但随着价值链嵌入程度的下降和自主创新能力的增强,对国外的依赖度反而降低,因此价值链嵌入对经济增长质量的影响也在逐渐变小。

9 浙江省经济增长质量提升动力研究：政策倒逼视角[①]

产能过剩治理是中国"十三五"规划的主要任务之一，也是供给侧结构性改革的重要内容。现阶段，中国工业行业产能过剩现象普遍存在，这严重制约了社会经济的健康高速发展，威胁着经济社会的和谐稳定。近年来，政府部门围绕产能过剩治理出台了系列政策，积极助推工业行业产业结构的调整优化和转型升级，但这些政策是否真正缓解了中国工业行业的产能过剩问题，还需要根据产能利用率的实际测算结果，观察中国工业行业产能利用率是否得到了提高。此外，通过技术创新实现供给侧结构性改革，进而提高产能利用率化解产能过剩已成为学界共识，但实际上，技术创新还存在着研发投入负担重与成果转化风险大等障碍，且在产能过剩约束下，企业还存在着研发投资不足与技术创新意愿缺失等问题，通过技术创新实现去产能困难重重。因此，在中国工业行业产能过剩普遍存在的情况下，治理过程中会不会存在着倒逼技术创新的现象，即分析在产能过剩治理的过程中，有没有促进技术的创新，也是一个较好的研究视角。

因此本章节研究产能过剩治理对技术创新的影响，分析其内在传导机制，不仅有着重要的理论创新意义，更有着突破现有政策困境，实现去产能与创新发展的现实意义，对于中国工业行业去产能和供给侧结构性改革能否取得实质性进展，也是一个关键问题。

本章节的贡献主要体现在两个方面：一是在以往研究主要关注技术创新对产能过剩影响的基础上，跳出传统范式，反向探寻产能过剩治理对技术创新的倒逼机制，研究工业行业产能过剩治理过程中是否促进了技术创新；二是通过中介效应，从产业结构优化的视角检验了去产能对中国工业行业技术创新的影响传导机制，为产能过剩治理倒逼技术创新提供了理论支撑。

[①] 本章节数据来源于历年的《中国统计年鉴》《中国工业统计年鉴》《中国科技统计年鉴》和中国工业企业统计数据库。

9.1 文献综述与理论假说

产能过剩是指行业实际产出小于理论产出的一种现象,多用产能利用率来衡量(杨振兵,2016)。Chamberlin(1947)最早提出产能利用率这一概念,并将其定义为实际产出与理论产出之比。近年来,随着产能过剩问题的日益严重,对产能利用率测度方法的研究也越来越受到学术界的关注。目前,测度产能利用率的方法主要有数据包络分析法(DEA)、峰值法、随机前沿分析法(SFA)、协整法、生产函数法、成本函数法等。国内学者采用上述分析方法对中国工业行业产能过剩程度也进行了相关测度研究,普遍发现中国工业行业产能利用率较低,存在着产能过剩现象(韩国高等,2011;张少华、蒋伟杰,2017)。分地区来看,中国东、中、西部地区工业行业产能利用率呈现依次下降的趋势,也就是说,东部地区①产能过剩程度最低,其次是中部地区,西部地区产能过剩情况最严重(刘磊等,2018);分行业来看,重工业的产能过剩程度明显比轻工业要严重,石油开采、金属加工等传统行业的产能利用率也明显低于通信设备、计算机等新兴行业的产能利用率(董敏杰等,2016)。对于中国产能利用率的变化情况,不同学者有着不同的看法,杨振兵(2016)通过将产能利用率在生产侧与消费侧进行分析,测算了2001—2011年中国工业行业产能过剩指数,发现中国工业总体产能过剩程度呈现逐年好转趋势;李双燕等(2018)估算了1999—2014年中国各地区的产能利用率,发现产能利用率下滑趋势明显,即产能过剩问题日益严重;刘京星等(2017)研究中国工业行业2001—2014年产能过剩情况,也发现总体呈现出日趋严重的变化态势;董敏杰等(2016)、何蕾研究工业行业2001—2014年产能过剩情况,也发现总体呈现出日趋严重的变化态势;董敏杰等(2016)等学者研究发现,中国工业行业产能利用率的变化与经济周期的波动存在一定的相关性。

中国工业行业产能过剩现象长期存在,现已导致了经济波动、环境恶化、资源浪费等系列问题,严重影响了社会生产生活(张林,2016)。但同时我们也要看到,产能过剩治理的过程中会淘汰一批能耗高、效率低的产业企业,引进一批节能高效、自动化程度高的产业企业,且在政府去产能的巨大政策压力下,企业自身也存在着生存压力,会积极推进生产研发,加快推出新产品、新工艺,以求在市场竞争中

---

① 东部地区包括北京、天津、河北、辽宁、上海、江苏、浙江、福建、山东、广东、海南。中西部地区包括山西、内蒙古、吉林、黑龙江、安徽、江西、河南、湖北、湖南、广西、重庆、四川、贵州、云南、陕西、甘肃、青海、宁夏、新疆。

生存下来。因此,产能过剩治理是否也会倒逼企业的技术创新? 其中的机制又是什么?

根据对已有文献和理论的梳理,本文发现:现阶段,中国工业行业产能过剩严峻形势带来的巨大压力,会倒逼各地政府出台相关政策促进产业结构优化以实现去产能目标,这一过程能够促进技术创新水平,或者技术创新本身就是去产能的重要举措。因此,中国各地区产能过剩治理的过程中,可能会提升工业行业技术创新水平。

在中国政府主导的产能过剩治理过程中,往往伴随着产业结构的优化升级,从而最终实现技术创新,化解产能过剩。政府通过政策途径引导淘汰一批规模小、地域分散、技术落后的中小型产业企业,引进经济效益好、能耗低的技术密集型[①]产业,实现企业间的兼并重组,助推高新技术产业的发展,从而达到产业集中度、技术密集度提高的效果,优化产业结构。一方面,产业集中度较低时,规模小、专业化生产水平低的企业占大多数,企业之间的无序竞争比较激烈,企业没有足够的能力和资金投入研发,导致整个行业技术创新水平相对较低。当企业间通过兼并重组,逐渐提高产业集中度时,企业规模逐渐扩大,其专业化生产水平就随之提高,将会对技术研发投入足够的人力和资金,从而能够促进行业技术创新水平的提高。Jadlow(1981)等的研究也表明产业集中度和技术创新之间存在着显著的正相关关系。另一方面,当工业行业处于技术密集度较低的发展阶段时,其中的劳动密集型行业所占比例往往较大,但劳动密集型行业对生产的技术水平要求相对较低,导致工业行业整体的技术创新动力缺失。在技术密集型产业发展的过程中,技术密集型企业自身就是培育行业创新能力的温床,同时工业行业结构也不断向技术集约化发展,工业行业的整体加工深度、技术含量将不断提高,对生产水平的要求也越来越高,这也要求企业不断进行技术创新,从而有效提升工业行业整体的技术水平。

基于以上分析,本文认为,在中国产能过剩治理过程中,会通过产业结构的优化升级,即产业集中度、技术密集度的提高作为中介手段,促进中国工业行业的技术创新水平的提高。因此,提出以下几个假设:

假设 1:产能过剩治理对技术创新具有促进作用。

假设 2:产业集中度在产能过剩治理影响技术创新中具有中介效应。

假设 3:行业技术密集度在产能过剩治理影响技术创新中具有中介效应。

---

① 技术密集型工业行业包括医药制造业,黑色金属冶炼及压延加工业,有色金属冶炼及压延加工业,专用设备制造业,铁路、船舶、航空航天和其他运输设备制造业,计算机、通信和其他电子设备制造业,电气机械及器材制造业,仪器仪表制造业。

9.2 模型设定与变量选取

9.2.1 中介效应分析模型

中介效应多被用以研究分析自变量对因变量的影响过程和作用机制,当自变量 X 对因变量 Y 不是直接的因果关系,而是通过一个或几个间接变量 M 产生影响时,则称 M 为中介变量。中介效应的检验方法主要包括系数乘积项检验法、差异检验法和依次检验法,本书选择使用国内学者最常采用的依次检验法进行中介效应检验分析。中介效应成立,必须同时满足以下四个条件:自变量对因变量有显著的正向影响。自变量对中介变量有显著的正向影响。中介变量对因变量有显著的正向影响。当中介变量进入时,自变量对因变量作用依然显著,但显著性降低,则为部分中介;自变量对因变量作用变为不显著,则为完全中介。

根据中介效应的判断方法,依据上文假设,分别提出相应计量经济模型,使用系统 GMM 回归方法分别判断产业集中度、行业技术密集度在产能利用率影响技术创新中的中介效应。

$$TFP = \beta_{10} + \beta_{11}CU + \beta_{12}RD + \beta_{13}GDP + \beta_{14}EDU + \beta_{15}RAI + \varepsilon_1 \tag{1}$$

$$CR = \beta_{20} + \beta_{21}CU + \beta_{22}RD + \beta_{23}GDP + \beta_{24}EDU + \beta_{25}RAI + \varepsilon_2 \tag{2}$$

$$TEC = \beta_{30} + \beta_{31}CU + \beta_{32}RD + \beta_{33}GDP + \beta_{34}EDU + \beta_{35}RAI + \varepsilon_3 \tag{3}$$

$$TFP = \beta_{40} + \beta_{41}CR + \beta_{42}RD + \beta_{43}GDP + \beta_{44}EDU + \beta_{45}RAI + \varepsilon_4 \tag{4}$$

$$TFP = \beta_{50} + \beta_{51}TEC + \beta_{52}RD + \beta_{53}GDP + \beta_{54}EDU + \beta_{55}RAI + \varepsilon_5 \tag{5}$$

$$TFP = \beta_{60} + \beta_{61}CU + \beta_{62}RD + \beta_{63}GDP + \beta_{64}EDU + \beta_{65}RAI + \beta_{66}CR + \varepsilon_6 \tag{6}$$

$$TFP = \beta_{70} + \beta_{71}CU + \beta_{72}RD + \beta_{73}GDP + \beta_{74}EDU + \beta_{75}RAI + \beta_{76}TEC + \varepsilon_7 \tag{7}$$

其中,CU 为产能利用率,TFP 为技术创新水平,CR 为产业集中度,TEC 为行业技术密集度,RD 为研发投入,GDP 为工业总产值,EDU 为人力资本受教育程度,RAI 为铁路里程,$\varepsilon_1 \sim \varepsilon_7$ 表示随机误差项。

9.2.2 变量选取

(1)产能利用率。本书借鉴贾润崧等(2016)的方法,使用数据包络分析法(DEA)测算中国 30 个省市 2000—2016 年工业行业的产能利用率(由于西藏大部分数据缺失,因此不包含西藏)。数据包络分析法(DEA)是非参数估计方法,被广泛应用于工业领域中的效率测度,其基本的线性规划模型为:

$$\max_{s,t} \omega_1$$

$$\omega_1 Y_{k,m} \leqslant \sum^{k} z_k Y_{k,m} \qquad \forall m$$

$$\sum^{k} z_k Y_{k,n} \leqslant X_{k,m} \qquad n \in \alpha$$

$$\sum^{k} z_k Y_{k,n} \leqslant \lambda_{k,n} X_{k,n} \qquad n \in \dot{\alpha}$$

$$\sum^{k} z_k = 1$$

$$\lambda_{k,n} \geqslant 0 \qquad n \in \dot{\alpha}$$

其中:$X_{k,n}$ 是第 k 个制造商第 n 种原材料的输入量,$Y_{k,m}$ 是第 k 个制造商第 m 个产品的输出量,z_k 为第 k 个制造商占所在行业产值的比重。通过观察样本的多个输出量 Y,可以得到输出水平的估计值 Y^*,则技术效率产能利用率为:

$$TECU = \frac{Y}{Y^*} = \frac{Y}{\omega_{1Y}} = \frac{1}{\omega I}$$

$TECU$ 的值介于 0 和 1 之间,如果小于 1 则说明产能没有被充分利用,如果为 1 则说明产能被充分利用了。

估计产出效率还需对每个生产商的技术效率进行估计,此时要考虑所有不变的和可变的投入,基于测度产出技术效率的 DEA 模型为:

$$\max_{s,t} \omega_2$$

$$\omega_2 Y_{k,m} \leqslant \sum^{k} z_k Y_{k,m} \qquad \forall m$$

$$\sum^{k} z_k Y_{k,n} \leqslant X_{k,n} \qquad \forall n$$

$$\sum^{k} z_k = 1$$

技术效率的估计值为:

$$TE = \frac{1}{\omega 2}$$

则产能利用率为:

$$CU = \frac{TECU}{TE} = \frac{1}{\omega 1} / \frac{1}{\omega 2} = \frac{\omega 2}{\omega I}$$

参考董敏杰等(2016)的做法,选择以各地区工业总产值作为输出数据,固定资本存量和劳动投入作为输入数据,其中固定资本存量为固定投入,劳动投入为可变投入。基于上述方法并结合投入产出数据,可以测算各地区的产能利用率。测算过程涉的数据有:工业总产值,使用各省市规模以上工业企业总产值数据,然后使用各地区工业生产者出厂价格指数将源数据折算为以 2000 年为基期的不变价格数据作为衡量指标;劳动投入,选取各省市规模以上工业企业从业人员年平均人数作为衡量指标;固定资本存量采用永续盘存法进行估算,计算过程如下:

$$K_{s,t} = K_{s,t-1}(1 - \delta_{s,t}) + I_{s,t}/P_{s,t}$$

其中:$K_{s,t}$ 表示 s 省份第 t 年固定资本存量,$\delta_{s,t}$ 表示 s 省份第 t 年的折旧率,$I_{s,t}$ 表示 s 省份第 t 年新增投资额,$P_{s,t}$ 表示示 s 省份第 t 年投资品价格指数。其中,新增投资额通常使用固定资本形成额表示,但无法获得各省市工业行业固定资本形成额数据,本文使用相邻两年的固定资产原价差值代替;投资品价格指数使用各省市固定资产投资价格指数;基期资本存量使用 2000 年工业行业固定资产原价与累计折旧的差值表示;将每年累计折旧与上一年累计折旧的差额比上一年固定资产原价作为当年的折旧率数据。

(2)技术创新水平。目前对于技术创新没有形成统一的概念,国内外学者对此理解各有不同,现有研究中多数学者仅从不同方面对技术创新进行了诠释。何玉梅等(2018)认为技术创新与技术进步概念相同,赵增耀等(2017)在研究中使用全要素生产率衡量技术进步水平,邱斌等(2018)在研究中使用全要素生产率衡量技术创新水平。本书借鉴邱斌等(2018)的方法,采用基于 DEA 的 Malmquist 生产率指数法测算中国 30 个省市 2000—2016 年工业行业的全要素生产率(TFP),使用全要素生产率衡量技术创新水平。参考颜鹏飞等(2014)的做法,将折算后各地区工业总产值作为输出数据,折算后固定资本存量和劳动投入作为输入数据,数据折算方法与产能利用率所用数据相同。

使用上述方法计算得到的是 Malmquist 生产率指数,其表示的是全要素生产率相对于上一年的变化率。本章节需要使用工业行业全要素生产率来表示地区的技术创新水平,因此需要对计算得到的 Malmquist 生产率指数进行换算。假定2000 年的全要素生产率(TFP)为 1,则 2001 年 TFP 为 2001 年的 Malmquist 生产率指数与 2000 年 TFP 的乘积,2002 年 TFP 为 2002 年的 Malmquist 生产率指数与 2001 年 TFP 的乘积,各省市每年的全要素生产率(TFP)可以此类推折算得到。

(3)中介变量。基于理论假说,选择产业集中度和行业技术密集度两个指标作为中介变量,具体说明如下:

①产业集中度(CR)。产业集中度指某一产业中排名靠前的几个龙头企业的销售产值合计数占整个产业相应指标的比重。基于各地区工业企业数据库数据,使用前 8 家工业企业的销售产值合计数与工业行业销售总产值的比值来表示各地区的产业集中度。

②行业技术密集度(TEC)。参考郭克莎(2005)等学者的做法,使用各地区技术密集型产业工业总产值(部分年份数据缺失,使用主营业务收入代替)合计数占

该地区工业行业总产值的比值来表示各地区行业技术密集度①。

（4）控制变量。为了获得无偏的估计结果,需要对影响技术创新的其他因素变量加以控制,具体包括:研发投入(RD),用各地区研究与试验发展(R&D)经费内部支出表示;工业总产值(GDP),同上文工业总产值数据;人力资本受教育程度(EDU),用各地区劳动人口平均受教育年限表示;铁路里程(RAI),用各地区铁路线路总里程表示。

9.3　实证分析

9.3.1　产能过剩治理对技术创新影响的回归分析

为了尽量减轻变量间可能存在的内生性问题,本章节选择系统 GMM 方法进行回归,并使用变量的滞后项作为工具变量,然后通过 AR(2)和 Hansen 值判断工具变量的滞后阶数与模型的有效性。表 9.3-1 显示的是产能过剩治理对技术创新影响的回归结果,列 Ⅰ—Ⅴ 表示逐步加入控制变量后的情况,AR(2)和 Hansen 检验结果表明,本章节设定的模型是合理的,且没有过度识别工具变量。

表 9.3-1 的结果显示,在没有加入控制变量时,产能过剩治理对技术创新的影响在 5% 的水平上显著为正,在控制变量逐步加入后,产能过剩治理的系数显著性增强,回归结果表现出较好的稳定性,这说明中国对工业产能过剩的治理促进了技术创新水平提升。控制变量 RD、GDP、RAI 的回归结果与预期基本一致,说明研发投入、工业总产值和铁路里程对技术创新起到了正向促进作用。但 EDU 的回归系数表明,人力资本受教育程度对技术创新起到了反向抑制作用,这可能是由于中国人均教育水平的提高主要是中小学阶段义务教育的普及,对技术创新有着重要作用的高技术劳动者仍较为缺乏,因此通过低水平劳动者数量增长带来的人力资本提升会对技术创新产生负向影响。

表 9.3-1　产能过剩治理影响技术创新的回归结果

变　量	Ⅰ	Ⅱ	Ⅲ	Ⅳ	Ⅴ（模型 1）
$L.TFP$	0.963*** (286.15)	0.992*** (308.31)	1.204*** (89.89)	1.043*** (57.34)	1.008*** (92.57)

①　技术密集型工业行业包括医药制造业,黑色金属冶炼及压延加工业,有色金属冶炼及压延加工业,专用设备制造业,铁路、船舶、航空航天和其他运输设备制造业,计算机、通信和其他电子设备制造业,电气机械及器材制造业,仪器仪表制造业。

续　表

变　量	Ⅰ	Ⅱ	Ⅲ	Ⅳ	Ⅴ（模型 1）
CU	0.038** （2.30）	0.075*** （4.24）	0.107*** （7.08）	0.227*** （7.33）	0.105*** （5.51）
RD	—	0.023*** （13.89）	0.054*** （3.40）	0.015** （2.26）	0.249*** （7.56）
GDP	—	—	0.197*** （8.20）	0.059*** （4.12）	0.307*** （6.74）
EDU	—	—	—	−0.0173 （−0.22）	−0.403*** （−4.01）
RAI	—	—	—	—	0.028* （1.85）
AR(2)	0.259	0.259	0.383	0.362	0.418
Hansen	0.146	0.167	0.266	0.235	0.165

注：括号中为回归系数的异方差稳健标准误，*、**、*** 分别表示在 10％、5％和 1％的水平上显著；由于篇幅限制，不报告常数项，以下类同不再专门说明。

9.3.2　影响机制分析：产业集中度

表 9.3-2 列出了产业集中度在产能过剩治理影响技术创新的中介效应回归分析结果，列Ⅰ和列Ⅱ分别表示不含与包含控制变量的情况。模型 2 回归结果表明，产能过剩治理系数在 10％水平上显著为正，即产能过剩治理对产业集中度有显著的正向影响，说明在产能过剩治理的过程中，政府会引导推动企业间的兼并重组，使得生产活动逐渐向大型企业集中，产业集中度得到提高。模型 4 回归结果表明，产业集中度系数在 1％水平上显著为正，产业集中度对技术创新具有显著的正向影响，说明在产业集中的过程中，企业规模随之扩大，专业化水平也相应提高，企业将更加重视新技术的研发，从而推动行业的技术创新。模型 6 回归结果显示，产业集中度系数在 1％水平上显著为正，产业集中度对技术创新依然具有显著的正向影响，产能过剩治理系数相比较模型 1 显著性降低且系数绝对值变小，说明产业集中度在产能过剩治理影响技术创新中具有部分中介效应，即去产能的过程中，会通过产业集中度的提高促进技术创新。

表 9.3-2　产业集中度在产能过剩治理影响技术创新的中介效应回归结果

变　量	模型 2		模型 4		模型 6	
	Ⅰ	Ⅱ	Ⅰ	Ⅱ	Ⅰ	Ⅱ
L. TFP	—	—	0.995*** （443.35）	0.850*** （32.85）	0.973*** （242.82）	0.733*** （7.16）

续 表

变 量	模型 2		模型 4		模型 6	
	Ⅰ	Ⅱ	Ⅰ	Ⅱ	Ⅰ	Ⅱ
$L.CR$	0.943*** (151.79)	0.757*** (27.39)	—	—	—	—
CU	0.0821*** (11.90)	0.063*** (4.88)	—	—	0.019* (1.83)	0.099** (2.45)
CR	—	—	0.153*** (17.35)	0.177*** (5.33)	0.099*** (13.52)	0.072*** (2.94)
RD	—	0.157*** (4.76)	—	0.032** (2.47)	—	0.005 (0.14)
GDP	—	−0.330*** (−7.11)	—	0.067** (2.71)	—	0.152** (2.36)
EDU	—	0.707*** (4.83)	—	−0.526*** (−6.78)	—	−0.497 (−1.61)
RAI	—	0.067*** (3.77)	—	0.046** (2.11)	—	0.062** (2.40)
$AR(2)$	0.756	0.757	0.222	0.193	0.232	0.139
$Hansen$	0.833	0.824	0.906	0.158	0.28	0.864

9.3.3 影响机制分析:行业技术密集度

表9.3-3列出了行业技术密集度在产能过剩治理影响技术创新的中介效应回归分析结果,列Ⅰ和列Ⅱ分别表示不含与包含控制变量的情况。模型3的回归结果表明,产能过剩治理系数在1‰水平上显著为正,产能过剩治理对行业技术密集度具有显著的正向影响,说明政府在产能过剩治理的过程中,会选择淘汰关闭劳动密集型以及技术相对落后的产业,重点支持经济效益相对较好、能源消耗相对较低的技术密集型产业,使得生产活动逐渐向技术密集型产业集中,技术密集型产业产值占工业总产值比重得到提升。模型5回归结果表明,行业技术密集度系数在1‰水平上显著为正,行业技术密集度对技术创新具有显著的正向影响,说明在行业技术密集度提高的过程中,技术密集型企业群体对新技术的需求和投入,能够使整个工业行业加大对技术创新的研发投入,从而提高行业的技术创新水平。模型7回归结果显示,行业技术密集度系数在5‰水平上显著为正,行业技术密集度对技术创新仍然具有显著的正向影响;与模型1相比,产能过剩治理系数显著性降低且系数绝对值变小,说明行业技术密集度在产能过剩治理

影响技术创新中具有部分中介效应,即去产能的过程中,会通过行业技术密集度的提高促进技术创新。

表 9.3-3　行业技术密集度在产能过剩治理影响技术创新的中介效应回归结果

变　量	模型 3		模型 5		模型 7	
	I	II	I	II	I	II
$L. TFP$	—	—	0.953*** (230.62)	0.991*** (63.66)	0.960*** (243.14)	0.892*** (13.34)
$L. TEC$	0.860*** (73.59)	0.908*** (32.87)	—	—	—	—
CU	0.065*** (7.10)	0.080*** (3.91)	—	—	0.023* (1.88)	0.081* (2.03)
TEC	—	—	0.106*** (14.02)	0.096*** (5.80)	0.019** (2.25)	0.131** (2.10)
RD	—	0.047*** (3.51)	—	0.046*** (3.25)	—	0.003 (0.08)
GDP	—	−0.100*** (−4.98)	—	0.033*** (2.76)	—	0.022 (0.67)
EDU	—	0.141*** (3.35)	—	−0.027 (−0.55)	—	−0.021 (−0.06)
RAI	—	0.0925*** (4.39)	—	0.0148* (2.04)	—	0.052* (1.77)
$AR(2)$	0.133	0.139	0.215	0.199	0.249	0.178
$Hansen$	0.323	0.272	0.27	0.156	0.856	0.881

9.3.4　分地区中介效应回归分析

考虑到我国各地区经济发展情况差异较大,推动各地经济增长技术进步的机制可能会有区别,为了进一步分析不同地区产能过剩治理影响工业行业技术创新的内在传导机制,本书把 30 个省市分成中部地区和西部地区两部分[①],分别对其中介效应进行回归,回归结果如表 9.3-4、表 9.3-5 所示。

从回归结果可以看出,东部地区和西部地区产能过剩治理对工业行业技术创

①　东部地区包括北京、天津、河北、辽宁、上海、江苏、浙江、福建、山东、广东、海南。中西部地区包括山西、内蒙古、吉林、黑龙江、安徽、江西、河南、湖北、湖南、广西、重庆、四川、贵州、云南、陕西、甘肃、青海、宁夏、新疆。

新的影响均在1%的水平上显著为正,说明两个地区的产能过剩治理均促进了工业行业技术创新。但从系数的绝对值来看,东部地区产能过剩治理对技术创新的影响程度明显大于中西部地区,说明在治理产能过剩的过程中,东部地区的政策引导更加注重技术创新,以期真正在源头上化解产能过剩现象,王燕和谢蕊蕊(2011)也发现1997—2009年间,中部比东、西部的技术水平高,且地区之间的差异是不断扩大的。在东部地区,产业集中度和行业技术密集度在产能过剩治理影响技术创新中均具有部分中介效应;在西部地区,产业集中度在产能过剩治理影响技术创新中均具有部分中介效应,行业技术密集度在产能过剩治理影响技术创新中均不存在中介效应。说明东部地区在产能过剩治理的过程中会同时提升产业集中度和行业技术密集度来促进技术创新,中西部地区更侧重于通过提升产业集中度来促进技术创新,两地区政府的政策导向存在一定的差异。

表 9.3-4 东部地区中介效应回归结果

变 量	模型1	模型2	模型4	模型6	模型3	模型5	模型7
$L.TFP$	0.942*** (9.12)	—	0.702*** (4.05)	0.874*** (6.53)	—	1.144*** (5.21)	0.582** (2.37)
$L.CR$	—	0.641*** (3.55)	—	—	—	—	—
$L.TEC$	—	—	—	—	0.769*** (7.20)	—	—
CU	1.418*** (3.99)	0.503*** (4.35)	—	1.084** (0.015)	0.102*** (3.15)	—	1.183** (2.31)
CR	—	—	5.153*** (6.73)	4.762*** (3.42)	—	—	—
TEC	—	—	—	—	—	1.325** (2.41)	9.539** (2.24)
$AR(2)$	0.785	0.28	0.668	0.864	0.217	0.371	0.149
$Hansen$	0.84	0.694	0.977	0.945	0.496	0.98	0.757

表 9.3-5 中西部地区中介效应回归结果

变 量	模型1	模型2	模型4	模型6	模型3	模型5	模型7
$L.TFP$	1.126*** (53.67)		0.741*** (16.5)	0.640*** (5.14)		1.022*** (37.84)	0.926*** (8.81)
$L.CR$		1.017*** (9.82)					
$L.TEC$					0.586*** (8.30)		

续　表

变　量	模型 1	模型 2	模型 4	模型 6	模型 3	模型 5	模型 7
CU	0.638*** (4.95)	0.178** (2.50)		0.967** (2.20)	0.103*** (3.22)		1.044*** (6.14)
CR			2.117*** (3.92)	2.988*** (4.99)			
TEC						0.798** (2.31)	1.074*** (3.84)
$AR(2)$	0.243	0.292	0.074	0.695	0.094	0.216	0.243
$Hansen$	0.756	0.643	0.294	0.228	0.46	0.831	0.756

9.3.5　稳健性检验

为了保证研究结果的稳健性和可靠性,本书通过分时间段对产能过剩治理影响技术创新的效应进行稳健性检验。根据全球金融危机爆发前后,将样本划分为 2000—2007 年和 2008—2016 年两个时间段分别分析产能利用率对进技术创新的影响。回归结果如表 9.3-6、表 9.3-7 所示,产能过剩治理对技术创新的影响在 2008 年金融危机前后发生了程度上的变化,金融危机后,产能过剩治理对技术创新的影响程度更加明显,但整体回归结果趋势保持不变,金融危机前后上文 7 个假设依然成立,充分验证了本文研究结果的稳健性。

表 9.3-6　2000—2007 年中介效应稳健性检验回归结果

变　量	模型 1	模型 2	模型 4	模型 6	模型 3	模型 5	模型 7
$L. TFP$	1.043*** (62.93)	—	0.827*** (18.40)	1.055*** (38.61)	—	0.874*** (18.87)	1.003*** (51.97)
$L. CR$	—	0.919*** (75.71)	—	—	—	—	—
$L. TEC$	—	—	—	—	0.862*** (16.77)	—	—
CU	0.172*** (8.77)	0.097*** (4.17)	—	0.087* (1.83)	0.116*** (3.31)		0.062** (2.28)
CR	—	—	0.118*** (6.37)	0.139*** (2.91)	—	—	—
TEC						0.499*** (4.87)	0.162*** (5.62)
$AR(2)$	0.257	0.542	0.699	0.58	0.394	0.796	0.487
$Hansen$	0.079	0.238	0.127	0.504	0.059	0.122	0.392

表 9.3-7　2008—2016 年中介效应稳健性检验回归结果

变　量	模型 1	模型 2	模型 4	模型 6	模型 3	模型 5	模型 7
$L.TFP$	0.942*** (47.87)	—	1.017*** (56.54)	0.826*** (22.49)	—	0.818*** (19.47)	0.964*** (66.03)
$L.CR$	—	0.919*** (75.71)	—	—	—	—	—
$L.TEC$	—	—	—	—	0.742*** (6.96)	—	—
CU	0.231*** (8.23)	0.097*** (4.17)	—	0.074* (1.81)	0.131*** (3.47)	—	0.065* (1.8)
CR	—	—	0.079*** (3.38)	0.294*** (5.86)	—	—	—
TEC	—	—	—	—	—	0.147*** (5.70)	0.097** (2.26)
$AR(2)$	0.081	0.542	0.213	0.169	0.848	0.066	0.116
$Hansen$	0.053	0.238	0.14	0.357	0.88	0.441	0.936

9.4　结论与建议

本书基于中国 2000—2016 年的省级数据，使用中介效应模型从产业结构优化的视角分析了产能过剩治理对技术创新的倒逼机制，为中国产能过剩治理倒逼技术创新提供了理论支撑。研究表明：产能过剩治理对技术创新水平提高有明显的促进作用；产能过剩治理的过程中，政府会利用行政手段淘汰一批规模小、地域分散、技术落后的中小型工业企业，引进经济效益好、能耗低的技术密集型产业，通过提升产业集中度和行业技术密集度两个路径促进中国工业行业的技术创新；东部和中西部地区影响程度和传导机制也存在一定差异，相比较中西部地区，东部地区更加注重技术创新，因此东部地区产能过剩治理对工业行业技术创新的影响程度大于中西部地区，东部地区会通过产业集中度和行业技术密集度两方面传导，而中西部地区则只通过产业集中度传导；金融危机后，中国工业行业产能过剩形势更为严峻，政府进一步加大了对工业行业产能过剩的治理力度，因此金融危机发生后产能过剩治理对工业技术创新的影响程度大于发生前；研发投入、工业总产值和铁路里程的增加对技术创新均有着促进作用，由于近年来中国大力普及的是中小学教育，因此人力资本受教育程度的提升反而抑制了技术创新。

根据研究结论,本书认为应该通过以下几个措施来化解中国工业行业产能过剩现象:

一是推动兼并重组,提高产业集中度。在中国工业行业发展的过程中,各地区都不同程度存在地方政府过度干预保护的现象,市场上存在着大量的规模小、效益低、技术落后的中小型工业企业,这是工业行业产能过剩的原因之一。因此,一方面要充分发挥市场作用,淘汰落后产能,引导优势企业在市场上进行并购,打破地方保护主义,推进区域资源整合,减少同质化竞争,优化产业结构;另一方面需要通过政府的财税、产业政策等支持,完善市场退出机制,落实因淘汰落后产能而涉及的职工安置等问题,切实保障产业集中度的稳步提高。

二是助力转型升级,提高行业技术密集度。从工业发展规律来看,工业行业生产结构的演变和升级必然会带来技术密集型产业的大发展,即当某一地区工业结构进入相对较高级的技术集约化阶段时,技术密集型产业将成为工业发展的主导产业。中国工业行业的发展相对西方国家较晚,因此可充分发挥中国技术密集型产业在国际市场上的后发优势,加强政府的战略引导和政策支持,明确一批重点发展的产业,发挥大型骨干企业的引领作用,大力推进技术密集型产业快速发展,实现产业结构优化升级,提高技术密集型产业在工业行业中的比重。

三是鼓励技术创新,实现去产能。中国工业行业产能过剩多集中在煤矿、钢铁等传统技术水平相对较低的产业。政府可以重点针对这些传统产业,通过完善技术创新的政策体系,强化政策激励作用,发挥企业在技术创新中的主体力量,支持企业吸收培养国内外优秀人才,积极发展具有自主知识产权的核心技术,促进技术创新,从供给侧实现去产能,促进工业行业整体经济效益水平的提高。

10　经济增长质量提升的宏观效应分析:产能化解效应

　　去产能不仅位列浙江省供给侧结构性改革的五大任务之首,更是转型升级的破题之策。产能过剩如得不到及时治理,将直接危及浙江产业的健康有序发展,但在长期的产业结构扭曲和以刺激需求为主的政策难以奏效的情况下,如何准确识别浙江省产能过剩形成的机制,进而探寻针对性较强的化解路径,便成了浙江经济发展必须解决的当务之急。另外,长期依赖低廉要素进行国内外市场竞争,已使得浙江省制造业产品供给结构无法适应需求变化,一方面省内低端产品消费低迷使得去产能难题长期得不到突破,另一方面省内高端产品需求向海外转移又导致技术创新的内生支撑动力不足,进而使得浙江出现了"省内工业品产能严重过剩与海外高端产品消费居高不下"的局面,经济转型发展困难重重。因此,通过技术创新实现供给侧结构性改革,进而化解产能过剩约束已成为浙江制造业转型发展的必然要求。但技术创新存在着研发投入负担重与成果转化风险大等障碍,且在产能过剩约束下,浙江省大量存在的中小民营企业多存在着研发投资不足与技术创新意愿缺失等问题,那么浙江省能否通过产品供给质量提升化解产能过剩呢?为了回答上述问题,必须准确识别浙江省制造业产能过剩的变动趋势与行业特征,并明晰产品供给质量提升对产能过剩的影响机制。

10.1　文献综述

　　当前学者多利用产能利用率的高低来衡量产能过剩问题,而产能利用率测度方法的研究也较为丰富。Cassels(1937)较早地提出了成本函数法测度产能利用率的观点,随后 Garofalo 和 Malhotra(1997)、王自锋和白玥明(2015)均有类似研究,但该方法存在函数设定不同而测算结果差异较大的问题。DEA 方法则因无须考虑生产函数的具体形式而受到了学者的欢迎,如 Pascoe 和 Tingley(2006)、

Karagiannis(2015)、张少华和蒋伟杰(2017)等研究。此外,也有部分学者将 DEA 法与函数法结合(Grosskopf 等,2000;Pascoe 和 Tingley,2006),从而丰富了相关领域研究。现阶段,多数学者的研究均认同中国制造业存在着产能过剩问题,但对产能过剩的测度方法仍未形成统一意见,如沈坤荣等(2012)的边际生产函数法、干春晖等(2015)的企业调查法等。另外,研究数据来源也存在一定差异,因此相关研究结论也出现过较大争议。

关于产能过剩出现原因的研究方面,Garofalo 和 Malhotra(1997)认为过度投资是导致产能过剩的重要原因,但其影响机制在不同行业存在着差异(孙巍等,2009),且基于投资视角的分析,还需结合外部需求冲击的影响(Bloom 等,2007)。具体到中国的相关研究,韩国高等(2011)和林毅夫等(2010)也有类似结论,他们均认为投资的潮涌现象是产能过剩形成的重要原因。当然,也有学者分析了中国特殊的制度问题,如价格制度扭曲和体制扭曲(周瑞辉、廖涵,2015)、政府干预(刘航等,2014)、资本偏向性技术进步对充裕劳动力的适配(刘航、孙早,2017)等。

以往中国产能过剩的化解政策多以需求侧为基础,如林毅夫(2016)就建议中国应当实施更加积极的财政政策和货币政策等。但在制造业面临"需求饱和陷阱"的情况下,需求侧政策对产能过剩的治理效果已越来越不明显,因此引发了学者对供给侧改革政策的探索(周密、刘秉镰,2017)。黄益平(2016)则强调了供给侧改革政策与传统调控需求政策的差异,并分析了构建供给侧政策的必要性。总体来看,当前基于供给侧视角研究去产能的文献仍相对较少,且已有研究多侧重于定性分析,也未形成统一的研究结论。

有鉴于此,本书首先对浙江省制造业的产能利用率进行了测度,以识别制造业产能过剩特征;然后通过构建实证模型分析制造业产品质量提升对产能过剩的影响,以期为浙江省去产能政策的构建提供启示与借鉴。本书可能的贡献在于:一是结合技术效率变化对浙江省制造业产能过剩进行了测度。由于不同行业技术创新能力存在较大异质性,因此已有研究仅使用设备利用率识别制造业是否存在产能过剩会导致严重的行业偏误,将技术效率与设备利用率结合起来进行测度,可以提升测度结果的精确性;二是基于产品供给质量视角定量地分析了制造业产能利用率的影响因素。本书在分析制造业总体数据的基础上,还基于要素密集度的视角研究了产品供给质量提升对产能利用率影响的行业异质性,进而使得影响机制的提炼能够较好地契合行业特征;三是使用 GMM 方法解决变量间可能存在的内生性问题,并通过多次稳健性检验,提高了分析结果的稳健性与研究结论的可信度。

10.2　中国产能过剩的特征分析

10.2.1　浙江省测度结果

10.2.1.1　产能过剩的测度方法

国际上多以产能利用率是否低于 80% 为界限来判断产业的产能过剩情况，因此可以通过对浙江省制造业产能利用率的测度来分析产能过剩问题。本书在借鉴杨振兵（2016）研究的基础上，借助 DEA 方法对浙江省制造业的产能利用率进行测度。假定企业的投入包含固定投入（F）和可变投入（V），由于技术效率（TE）可能存在损失，进而导致实际产出（y）往往会偏离有效产出（Y），上述分析可使用（1）式表示：

$$y = TE * Y(F,V) \tag{1}$$

如果企业生产不受可变投入和技术效率约束，假定此时企业的生产能力为 $Y(F)$，因此可以定义产能利用率（CU）为实际产出与最大生产能力的比值：

$$CU = y/Y(F) = TE * Y(F,V)/Y(F) = TE * EU \tag{2}$$

其中，EU 表示设备利用率，也是衡量产能利用率的指标之一，与 CU 的区别便是其不包含技术效率。由于不同企业技术效率差异较大，因此本书将技术效率纳入产能利用率的测度中来，并以 CU 作为产能利用率的衡量指标。

在可变投入与固定投入已知的情况下，便可以使用 DEA 方法估算 $Y(F,V)$ 和 $Y(F)$，进而测度出产能利用率指标。具体的估算方法为：

$$Max Y_j^t(F_j^t,V_j^t) = \sum_{i=1}^n \lambda_i^t y_i^t \tag{3}$$

$$s.t. \sum_{i=1}^n \lambda_i^t y_i^t \geqslant y_j^t, \sum_{i=1}^n \lambda_i^t F_i^t \leqslant F_j^t, \sum_{i=1}^n \lambda_i^t V_i^t \leqslant V_j^t, \sum_{i=1}^n \lambda_i^t = 1, \lambda_i^t \geqslant 0$$

$$Max Y_j^t(F_j^t) = \sum_{i=1}^n \lambda_i^t y_i^t \tag{4}$$

$$s.t. \sum_{i=1}^n \lambda_i^t y_i^t \geqslant y_j^t, \sum_{i=1}^n \lambda_i^t F_i^t \leqslant F_j^t, \sum_{i=1}^n \lambda_i^t = 1, \lambda_i^t \geqslant 0$$

其中，t 代表生产时期，i 为实际的生产单位，j 为被考察单位，λ 为权重向量，$\sum_{i=1}^n \lambda_i^t = 1$，说明规模报酬是可变的。

10.2.1.2　制造业总体测度结果

基于上述方法，本书测度了 2001—2015 年浙江省制造业的产能利用率，由于制造业行业分类标准在 2012 年进行过调整,所以本书按照 2008 年的标准对制造业的行业进行了调整,最终测度出 27 个细分行业的产能利用率。浙江省制造业总体产能利用率的测度结果如图 10.2-1 所示。

浙江省制造业产能利用率多在 60% 上下波动,这一结果与张少华和蒋伟杰(2017)对中国制造业的估计结果较为接近。按照低于 80% 为产能过剩的识别标准,可以认为浙江省制造业存在着较为严重的产能过剩问题。从时间上看,制造业产能利用率存在两个较为明显的下行时期,2001—2006 年为第一个时期,2009—2012 年为第二个时期。随着美国互联网泡沫的破灭,2000 年之后世界经济持续低迷,也对浙江省制造业的出口造成较大影响,因此产能利用率出现了持续下降。由于 2006 年之后经济出现过热苗头,产能利用率也开始止跌回升,直至"次贷危机"爆发之后,才开始新一轮下跌。2008 年政府实施的"四万亿"计划极大地刺激了产能扩张,而金融危机导致的全球性需求萎缩迟迟得不到缓解,各方面因素叠加则导致了第二个时期的产能利用率下滑。总的来看,产能利用率变动有着明显的经济周期性特征。

从技术效率和设备效率的变动来看,技术效率下降对浙江省制造业的产能过剩有着重要影响。虽然制造业的设备利用率在逐步提升,已由 2001 年的 66% 提升到 2015 年的 77%,但技术效率却从 2001 年的 93% 下降到 2015 年的 79%,同时,制造业总的产能利用率并没有出现明显提升,反而长期在 60% 上下徘徊。出现这一情况的原因可能是,浙江经济外向发展特征较为明显,众多民营企业依赖廉价生产要素嵌入全球价值链低端环节(程俊杰,2015),对技术创新重视不足,而市场化改革带来的市场失灵又导致了过度竞争问题,因此不可避免地出现了产能过剩。

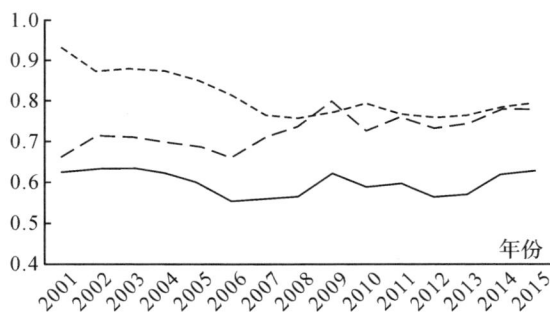

图 10.2-1　浙江省制造业产能利用率测度结果

10.2.1.3　制造业分行业测度结果

表 10.2-1 报告了浙江省制造业分行业产能利用率的测度结果。饮料制造业,食品制造业,造纸及纸制品业,印刷业和记录媒介的复制,化学纤维制造业,非金属矿物制品业,仪器仪表及文化、办公用机械制造业等行业的产能利用率均处于相对

表10.2-1 制造业分行业产能利用率测度结果

行　业	2001	2005	2006	2007	2008	2009	2010	2011	2012	2013	2014	2015
农副食品加工业	0.54	0.52	0.42	0.43	0.50	0.59	0.52	0.52	0.50	0.56	0.57	0.58
食品制造业	0.35	0.31	0.26	0.28	0.33	0.43	0.38	0.37	0.32	0.34	0.32	0.31
饮料制造业	0.35	0.26	0.22	0.22	0.25	0.31	0.25	0.24	0.22	0.23	0.24	0.25
烟草制品业	0.35	0.53	0.50	0.47	0.48	0.75	0.83	0.81	0.46	0.48	0.78	0.92
纺织业	1.00	1.00	1.00	1.00	1.00	1.00	1.00	1.00	0.98	1.00	0.98	0.95
纺织服装、鞋、帽制造业	0.98	0.72	0.67	0.64	0.65	0.67	0.63	0.53	0.58	0.57	0.62	0.61
皮革、毛皮、羽毛（绒）及其制品业	1.00	0.90	0.74	0.70	0.69	0.74	0.67	0.60	0.56	0.58	0.72	0.77
木材加工及木、竹、藤、棕、草制品业	0.52	0.49	0.42	0.48	0.51	0.64	0.55	0.55	0.48	0.49	0.67	0.74
家具制造业	0.66	0.44	0.36	0.36	0.39	0.44	0.40	0.38	0.35	0.40	0.48	0.55
造纸及纸制品业	0.42	0.36	0.33	0.32	0.33	0.37	0.36	0.35	0.33	0.31	0.33	0.34
印刷业和记录媒介的复制	0.29	0.23	0.21	0.19	0.20	0.26	0.23	0.23	0.21	0.24	0.28	0.30
文教体育用品制造业	0.78	0.49	0.41	0.37	0.41	0.46	0.43	0.42	0.43	0.52	0.61	0.63
石油加工、炼焦及核燃料加工业	0.57	0.61	0.49	0.61	0.69	0.90	0.53	0.64	0.54	0.63	0.76	0.76
化学原料及化学制品制造业	0.70	0.66	0.62	0.65	0.67	0.66	0.70	0.86	0.89	0.96	0.93	0.84
医药制造业	0.46	0.38	0.32	0.32	0.35	0.39	0.35	0.35	0.34	0.34	0.32	0.32
化学纤维制造业	0.43	0.51	0.54	0.57	0.50	0.61	0.60	0.69	0.60	0.54	0.58	0.55
橡胶和塑料制品业	0.71	0.62	0.63	0.64	0.62	0.65	0.66	0.70	1.00	1.00	1.00	0.95
非金属矿物制品业	0.40	0.34	0.32	0.32	0.33	0.38	0.38	0.44	0.56	0.57	0.55	0.46
黑色金属冶炼及压延加工业	0.36	0.61	0.48	0.59	0.63	0.60	0.61	0.67	0.52	0.53	0.56	0.57

续　表

行　业	2001	2005	2006	2007	2008	2009	2010	2011	2012	2013	2014	2015
有色金属冶炼及压延加工业	0.70	1.00	1.00	1.00	1.00	1.00	1.00	1.00	1.00	1.00	1.00	1.00
金属制品业	0.77	0.85	0.79	0.70	0.68	0.76	0.65	0.65	0.99	1.00	1.00	1.00
通用设备制造业	0.77	0.86	0.82	0.82	0.79	0.75	0.80	0.79	0.28	0.30	0.28	0.27
专用设备制造业	0.58	0.53	0.46	0.48	0.48	0.53	0.53	0.49	0.94	0.68	0.81	0.96
交通运输设备制造业	0.77	0.77	0.76	0.75	0.71	0.76	0.77	0.77	0.23	0.21	0.22	0.22
电气机械及器材制造业	1.00	1.00	1.00	1.00	1.00	1.00	1.00	1.00	1.00	1.00	1.00	1.00
通信设备、计算机及其他电子设备制造业	0.83	0.76	0.85	0.77	0.67	0.65	0.67	0.69	0.62	0.61	0.62	0.63
仪器仪表及文化、办公用机械制造业	0.61	0.46	0.40	0.38	0.39	0.46	0.42	0.41	0.35	0.34	0.46	0.47

较低水平,这与杨振兵和张诚(2015)的研究也较为相似,这些行业的产能过剩问题主要是由技术效率损失造成的。从行业的要素密集度上看,技术密集型行业的产能利用率相对较高,其中,通用设备制造业和交通运输设备制造业在 2012 年出现了较大幅度下降,进而导致产能过剩问题相对突出。劳动密集型行业和资本密集型行业产能过剩相对严重,这主要是因为浙江省大部分劳动密集型行业处于全球价值链的低端,多从事加工制造环节,技术创新能力不足;而资本密集型行业则因其投资比重较大,难以在经济低迷时进行快速转型,因此其在经济高涨时期投入的大量资本,极易在经济下行时带来产能过剩问题。因此,从时期和行业上看,浙江省制造业产能过剩存在着长期性和普遍性特征,对制造业产能过剩的治理仍将是浙江经济面临的严峻挑战。

10.2.2 全国各省区市测度结果

10.2.2.1 测度方法

本书使用产能利用率指标反映中国各省市的产能过剩情况,国际上一般以 80% 为标准,将低于这一水平的产能利用率界定为存在产能过剩。产能利用率受到生产侧与消费侧的共同影响,因此本书借鉴杨振兵(2016)提出的产能利用分解方法,对中国制造业的产能利用率进行计算,具体的公式为:

$$CU = CU_c * CU_p \tag{1}$$

其中,CU 为最终的产能利用率,CU_c 和 CU_p 分别表示需求侧的产能利用率和供给侧的产能利用率。CU_c 的计算方法较为简便,如式(2)所示:

$$CU_c = D/S \tag{2}$$

其中,D 为制造业销售产值,S 为制造业总产值。

对于 CU_p 的计算,本书借鉴董敏杰等(2015)的研究,建立如下生产函数:

$$y = TE * Y(F,V) \tag{3}$$

其中,y 和 Y 分别表示实际产出水平与有效产出水平,F 表示固定投入,假定实际产出还受到可变投入(V)与技术效率(TE)的约束。在没有 V 和 TE 约束下,厂商的生产能力 $Y(F)$。因此,产能利用率 CU_p 可表示为实际产出与生产能力之比:

$$CU_p = y/Y(F) = TE * Y(F,V)/Y(F) = TE * EU \tag{4}$$

其中 $EU = Y(F,V)/Y(F)$,表示在投入约束下设备的利用效率。

然后可以使用 DEA 方法计算 $Y(F,V)$ 和 $Y(F)$,具体计算公式为:

$$Max Y_j^t(F_j^t, V_j^t) = \sum_{i=1}^{n} \lambda_i^t y_i^t \tag{5}$$

$$s.t. \sum_{i=1}^{n} \lambda_i^t y_i^t \geqslant y_j^t, \sum_{i=1}^{n} \lambda_i^t F_i^t \leqslant F_j, \sum_{i=1}^{n} \lambda_i^t V_i^t \leqslant V_j, \sum_{i=1}^{n} \lambda_i^t = 1, \lambda_i^t \geqslant 0$$

$$Max Y_j^t (F_j^t) = \sum_{i=1}^{n} \lambda_i^t y_i^t \qquad (6)$$

$$s.t. \sum_{i=1}^{n} \lambda_i^t y_i^t \geqslant y_j^t, \sum_{i=1}^{n} \lambda_i^t F_i^t \leqslant F_j, \sum_{i=1}^{n} \lambda_i^t = 1, \lambda_i^t \geqslant 0$$

其中，t 表示时期，i 表示实际生产单元，j 表示被考察单元，λ 表示权重向量，约束条件 $\sum_{i=1}^{n} \lambda_i^t = 1$，表示规模报酬可变。

10.2.2.2 指标数据选取

由于西藏部分数据缺失，本书使用中国 30 个省区市 2000—2014 年规模以上制造业数据进行测度，具体的指标选取与数据来源如下：

（1）工业总产值（Y）。根据工业品出厂价格指数对每个行业的总产值数据进行平减，换算成以 2000 年为基期的不变价。

（2）资本存量（K）。使用永续盘存法对资本存量进行测算，具体的计算公式为：$K_t = K_{t-1}(1-\delta_t) + I_t/P_t$，其中，$K_t$ 与 K_{t-1} 分别表示 t 期和 $t-1$ 期的资本存量，δ_t 表示 t 期的折旧率，I_t 表示 t 期投资额，P_t 为固定资产投资价格指数，基期资本存量为 2000 年固定资产原价与累计折旧的差值。

（3）劳动投入量（L）。使用制造业分行业的全部从业人员年平均人数表示。

（4）能源投入量（E）。使用煤炭投入作为工业能源投入，并根据燃料动力类价格指数进行平减，换算成以 2000 年为基期的不变价。

（5）原材料投入量（M）：原材料投入量无法直接获取，本书使用如下公式进行估算：$M_t = (TV_t - AV_t + T_t)/PPI_t$，其中，$M_t$、$TV_t$、$AV_t$、$T_t$、$PPI_t$ 分别表示 t 期的中间投入、工业总产值、工业增加值、应交增税及原材料购进价格指数。

上述数据主要来自历年的《中国统计年鉴》《中国工业统计年鉴》和《中国能源统计年鉴》。中国工业统计口径曾在 2003 年和 2012 年进行过调整，本书以 2002 的分类为基础对分行业数据进行了调整。

10.2.2.3 测度结果分析

中国 30 个省区市产能利用率的测度结果如表 10.2-2 所示。从区域上看，中国产能过剩具有明显的普遍性。中国产能利用率东高西低特征最为明显，东部省份产能利用率最高，中部次之，西部最低，但大部分省市均存在产能过剩问题。总的来看，东部地区，除广东、海南、江苏、福建等省份的产能利用率保持在 90% 以上外，其他省区市大多存在产能过剩问题；中部和西部大部分省区市也都存在着严重的产能过剩问题，其中青海、新疆、山西和黑龙江的产能利用率较低，多在 20% 上下。

表 10.2-2 中国 30 个省区市产能利用率情况

单位:%

	2000	2001	2002	2003	2004	2005	2006	2007	2008	2009	2010	2011	2012	2013	2014
北京	70.70	68.87	68.80	72.67	60.15	61.22	67.67	61.30	58.12	61.97	65.89	57.97	54.61	60.21	61.33
天津	67.01	64.06	66.52	73.77	80.36	80.70	94.36	84.60	88.26	77.36	77.95	78.02	81.23	79.54	83.79
河北	57.32	53.57	50.98	50.83	53.13	53.76	55.95	52.29	48.99	48.55	51.73	45.57	43.76	39.14	38.01
山西	34.83	31.34	30.11	30.80	31.02	28.41	28.20	26.69	24.96	21.96	24.31	23.28	24.32	23.42	21.04
内蒙古	33.31	33.18	32.35	33.11	38.19	32.70	38.94	35.49	34.84	40.07	37.07	36.69	35.05	33.06	28.75
辽宁	47.78	39.85	38.19	41.17	44.33	46.93	52.50	50.22	47.66	54.43	57.44	52.36	56.08	48.39	46.30
吉林	51.30	48.85	48.62	52.03	48.39	44.70	48.11	52.27	52.68	59.35	55.23	51.43	51.52	50.16	48.79
黑龙江	48.56	42.65	37.98	35.02	32.72	32.60	33.00	26.99	26.62	25.67	25.40	23.29	23.07	23.66	21.41
上海	75.65	73.34	74.24	82.68	74.99	69.71	74.96	74.25	75.62	70.76	84.72	78.72	78.36	73.64	72.19
江苏	95.39	97.06	97.59	96.20	86.72	84.65	88.52	85.96	89.11	92.91	94.89	92.81	98.63	98.66	98.67
浙江	98.26	96.97	97.08	95.97	85.78	83.17	86.18	83.81	80.97	77.89	87.22	79.41	82.79	78.85	75.77
安徽	55.43	54.17	53.90	52.49	53.05	56.91	60.42	53.09	51.77	57.14	62.17	61.01	61.61	60.00	62.55
福建	69.74	65.77	71.56	77.59	78.54	81.37	88.55	85.21	89.45	87.99	97.76	97.50	97.61	97.62	97.63
江西	53.96	50.82	53.61	52.21	58.13	61.40	70.23	66.88	47.44	62.91	64.21	58.41	61.49	62.50	65.26
山东	80.61	81.25	82.13	78.29	74.94	76.53	78.16	72.69	69.05	79.08	73.63	68.61	79.53	79.72	75.09
河南	61.98	58.47	55.32	54.04	50.27	56.25	58.88	62.47	58.32	57.99	60.95	55.21	56.41	52.47	50.16
湖北	58.07	58.28	58.10	37.68	38.51	37.88	42.56	39.17	40.50	40.87	51.91	49.35	55.64	52.53	56.29
湖南	50.54	50.92	52.40	50.49	52.65	59.42	61.82	60.74	63.66	65.78	65.84	66.67	66.76	70.02	70.41
广东	99.20	97.62	97.85	97.27	97.79	97.50	97.65	97.83	97.13	97.09	97.46	97.63	97.43	97.42	97.41

续 表

	2000	2001	2002	2003	2004	2005	2006	2007	2008	2009	2010	2011	2012	2013	2014
广西	45.24	41.15	44.45	45.19	44.97	47.94	53.63	43.23	40.05	42.19	42.54	44.29	49.03	53.01	55.95
海南	76.49	84.16	87.20	86.72	90.35	98.97	93.86	96.89	95.32	94.49	96.47	95.86	90.59	86.32	86.96
重庆	53.40	54.62	56.49	63.62	69.10	69.37	74.02	67.83	68.36	76.67	74.20	79.18	76.20	73.93	76.16
四川	43.21	41.46	44.80	43.73	44.93	47.93	56.91	54.27	57.12	60.17	56.77	57.21	54.04	49.00	47.33
贵州	42.60	38.59	38.51	37.77	35.18	35.36	35.45	33.30	31.16	28.51	27.93	30.89	30.62	32.24	34.75
云南	46.08	44.47	44.85	42.33	43.45	46.86	50.05	44.37	41.96	39.13	36.59	34.98	35.63	31.07	26.86
陕西	39.21	35.12	33.48	32.97	32.79	31.92	33.49	31.14	31.59	36.52	38.75	28.82	28.96	33.47	27.18
甘肃	42.42	44.48	42.73	34.47	32.32	42.71	39.47	37.86	33.42	30.67	25.97	24.79	23.85	25.18	24.08
青海	21.92	21.45	22.90	20.50	23.54	24.08	27.20	21.55	22.10	22.62	18.20	20.49	18.06	19.76	17.79
宁夏	57.48	43.05	40.98	35.05	51.62	59.76	58.25	42.52	38.30	31.99	31.63	23.28	24.17	27.61	26.44
新疆	39.33	35.17	29.85	26.07	24.29	24.55	26.62	21.51	20.42	17.44	15.92	14.33	14.10	13.16	12.23

产能过剩的区域分布特征基本与经济发展水平差异保持一致,即经济发展水平较高的省市,其产能过剩问题相对较低,经济落后地区则受产能过剩问题困扰明显。

从时间上看,中国的产能过剩具有较强的持续性。东部和中部地区的产能利用率基本保持稳定,东部多在低于79%的位置小幅度波动,中部地区则在50%上下波动。西部地区的产能利用率则呈下降趋势,从2000年的42%(西部省区市的平均值)下降到2014的34%。造成这一区域差异的原因可能是,东部地区市场化水平较高,民营企业占较大比例,相对生产效率高,企业一般会根据市场需求进行投资,因此产能过剩问题比中西部地区要低。中西部地区市场化水平相对较低且国有企业占比较重,而部分省区市为了保就业、稳发展等,持续对无效率企业进行补贴救助,进而导致产能过剩问题长期性存在。

10.3　理论模型

结合已有研究与中国去产能的现实背景,本书主要基于技术效率提升与结构优化的视角分析供给质量提升对产能过剩的影响机理。

10.3.1　技术效率提升型供给质量提升对产能过剩的影响

周密和刘秉镰(2017)曾基于饱和需求的视角对产能过剩出现的原因进行过研究,即当消费需求达到某一数量后,就算价格持续下降,消费者也不再增加该商品的需求。根据他们的研究思路,本书假设消费者对普通商品的需求存在一个最大数量(因此需求曲线为向下折弯的),当市场供给量达到该数量时,如果厂商的供给质量提升主要来自技术效率增进,则会带来产出的大量增长,因此供给曲线向右移动。但因供给的种类并未增加,市场需求仍受限于原有产品种类,需求曲线不变(如图 10.3-1 所示)。假定原先的需求曲线为 D_0,供给曲线为 S_0,则市场均衡点为 A_0,均衡价格为 P_0,均衡产量为 Q_0,此时市场需求量已达到最大需求量 Q_0,当价格低于 P_0 时,需求量将一直保持 Q_0 不变。假设生产效率提升后,供给曲线从 S_0 向右移动到 S_1,由于需求已达到饱和,需求量不变,仅价格由 P_0 降到 P_1。如果需求曲线不是向下折弯的,将其向右下方延长并与供给曲线 S_1 相交于 A 点,A 点对应的产量为 Q_1,Q_1 便为生产效率提升后的供给量。由于需求量为 Q_0,小于供给量 Q_1,所以市场便出现了产能过剩,过剩量为 Q_1-Q_0。

10.3.2　结构优化型供给质量提升对产能过剩的影响

继续沿用上述供需模型分析结构优化型供给质量提升对产能过剩的影响。根据 Maslow(1934)的消费结构层次理论,在普通商品面临"需求饱和陷阱"时,如果增加高端商品的供给,市场需求便会因高端商品需求的增加而得到提升,消费曲线向右移动。为了分析的简便,且不失一般性,本书假定在总供给结构变化的同时,供给曲线不变,仅需求曲线向右移动(如图 10.3-2 所示)。市场原来的均衡点在 A_1 处,当供给结构升级后,需求曲线因高端产品的消费需求得到满足而向右移动到 D_2,并与供给曲线相交于 A_2 点。此时,价格由 P_1 上升到 P_2,需求量由 Q_0 上升到 Q_2,供给量由 Q_1 上升到 Q_2,需求量与供给量达到平衡,产能过剩得到化解。[①]

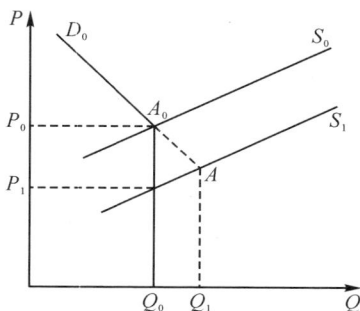

图 10.3-1   效率提升对产能过剩的影响   图 10.3-2   结构优化对产能过剩的影响

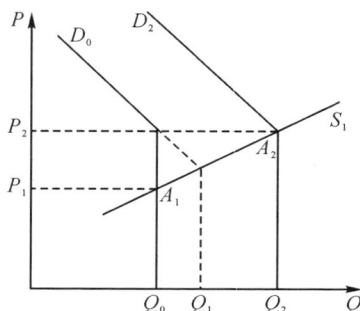

10.4   实证分析:浙江数据

本部分使用了浙江省制造业 27 个行业 7 年的数据,数据截面较多而时间较短,因此选择 GMM 方法(动态面板分析方法)进行实证分析,所构建的实证模型为:

$$CU_{it} = \beta_1 CU_{it-1} + \beta_2 ne_{it} + \beta' X_{it} + \lambda_i + \varepsilon_{it} \tag{1}$$

其中,CU 为产能利用率,ne 为产品供给质量,X_{it} 为控制变量,λ_i 为行业效应,ε_{it} 为残差项。

使用上式进行计量分析可能会存在不可观察的行业效应,因此本书对上式进行差分以消除不可观察的行业效应,实证模型则进一步修改为:

$$CU_{it} - CU_{it-1} = \beta_1(CU_{it-1} - CU_{it-2}) + \beta_2(ne_{it} - ne_{it-1}) + \beta'(X_{it} - X_{it-1}) + \varepsilon_{it} - \varepsilon_{it-1} \tag{2}$$

---

①   这里仅分析了供需达到新均衡点的情况,现实情况应该是,前期的结构优化只能在一定程度上减轻产能过剩,只有持续不断地进行结构优化,才能不断降低产能过剩,最终实现产能过剩的化解。

式(2)虽消除了行业效应,但解释变量与被解释变量之间仍有可能存在内生性问题,本书选择变量的滞后项作为工具变量以解决内生性问题,并使用 AR(2)和 Hansen 值检验工具变量以及模型的有效性。解释变量及控制变量的选取如下:

(1)产品供给质量(NE)。当前,浙江省对制造业普通商品的需求已接近饱和,因此去产能的思路应该从需求侧向供给侧转变,即产品供给质量提升将对产能过剩的化解起到重要影响(周密、刘秉镰,2017)。本书使用新产品产值率作为产品供给质量的代理变量。

(2)资本存量(K)。过度投资是造成制造业产能过剩的重要因素,因此资本存量的增长往往会加剧产能过剩问题,但投资对产能过剩的影响较为复杂,因此其影响机制在不同行业可能存在着差异(孙巍等,2009)。本书使用各行业固定资产净值年均余额衡量资本存量。

(3)劳动力数量(L)。劳动力数量增长往往伴随着投资的增长,因此也会因产能扩张而导致产能过剩问题。但劳动力增长往往还伴随着知识与技术的增长,如果此时投资没有出现大规模扩张,那么高端劳动力则有可能带来产品质量和竞争力的提升,进而有助于产能过剩的化解。本书使用各行业就业人数衡量劳动力数量。

(4)行业竞争程度(NU)。行业竞争程度的提升不仅会导致产品价格下降,过度无序竞争往往还会导致"潮涌现象"或攀比效应(白让让,2016),进而导致长期的产能利用率下滑,产能过剩随之出现。本书使用各行业规模以上企业数量作为行业竞争程度的代理变量。

(5)国外需求(Ex)。提高市场需求仍是基于需求侧化解产能过剩的重要举措,现阶段浙江省制造业出口导向型发展特征依旧较为明显,因此提升国外需求对制造业产能过剩的化解有着十分重要的作用。本书使用各行业出口交货值占工业销售值的比重衡量国外需求。

(6)国内需求(D)。国内需求也是化解产能过剩的需求侧措施之一,且对具有典型的大国大市场特征的中国来说,国内需求对制造业发展仍有着不可替代的作用。本书使用工业销售值减去出口交货值占工业销售值的比重衡量国内需求。

上述数据均来源于历年的《浙江统计年鉴》,并将资本存量、国内需求和国外需求数据换算成 2010 年不变价。另外,为了消除数据的异常波动及异方差等问题,还对数据取自然对数处理。

表 10.4-1 报告了浙江省制造业整体数据的分析结果。产品供给质量对产能利用率有着显著的促进作用,这说明产品供给质量提升是化解浙江省制造业产能过剩的重要途径。随着经济持续增长与居民收入水平的不断提升,市场对制造业的需求正由低端产品向中高端产品转变,原有的产品供给质量与结构已无法满足社会需求结构升级的需要,从而导致普通商品面临着"需求饱和陷阱",这也是浙江

省制造业出现产能过剩的重要原因。在制造业产品供给结构长期存在扭曲的背景下，通过刺激需求化解产能过剩的效果已越发微弱，因此应加快优化产品结构，不断满足市场对高端商品日益增长的需要，进而促进消费增长以化解产能过剩。未来提升制造业的产品供给质量，应成为浙江省化解制造业产能过剩的主要手段。

表 10.4-1　制造业整体的回归结果

变　量	差分 1	差分 2	差分 3	差分 4	差分 5	差分 6
L.CU	0.359 *** (0.040)	0.319 *** (0.039)	0.165 *** (0.035)	0.200 *** (0.037)	0.121 * (0.064)	0.205 *** (0.046)
NE	0.068 *** (0.179)	0.086 *** (0.018)	0.073 *** (0.021)	0.044 ** (0.021)	0.099 ** (0.037)	0.037 * (0.025)
K		0.010 (0.072)	0.031 (0.077)	0.063 (0.074)	−0.012 (0.086)	−0.160 (0.070)
L			0.214 *** (0.035)	0.288 *** (0.041)	0.225 *** (0.057)	0.236 *** (0.040)
NU				−0.057 ** (0.025)	−0.043 * (0.025)	−0.044 * (0.025)
Ex					0.119 *** (0.039)	0.104 *** (0.023)
D						0.319 *** (0.040)
OBS	135	135	135	135	135	135
AR(2)	0.488	0.462	0.355	0.429	0.377	0.482
Hansen	0.169	0.147	0.126	0.138	0.191	0.365

注：*，** 和 *** 分别表示在 10%，5% 和 1% 水平上显著，下同。

资本存量对产能利用率的影响不显著。虽有学者指出投资的"潮涌现象"是中国出现产能过剩的主要原因（林毅夫等，2010），但由于制造业不同行业的资本深化不同，且资本的技术水平差异巨大，因此投资的行业异质性可能导致了资本存量对制造业整体产能利用率的影响不显著。另外，如果过度投资已经导致了十分严重的产能过剩，那么产能利用率持续下降的可能性便会逐渐减弱，此时进一步增加投资并不会对产能利用率造成显著的影响。

行业竞争程度的影响显著为负，这说明制造业过度与无序发展导致的竞争是制造业出现产能过剩的重要原因。当前，浙江省制造业企业数量过多、规模较小等问题仍十分突出，由此产生的过度竞争一方面导致了产业结构雷同与整体技术水平低下，产品供给质量无法长期满足国内消费结构不断升级的要求；另一方面，技术创新能力不足则使得企业只能在全球价值链低端进行生产与贸易，从而导致了制造业被"低端锁定"，最终使得对外出口增长遇到严重的瓶颈。因此，行业竞争程度的提升会加剧制造业的产能过剩。

劳动力数量增长对产能利用率有着促进作用。随着制造业资本深化的快速增长，劳动力数量相对下降，但劳动力受教育程度在不断提升，且劳动者还可依靠"干中学"提升技术水平，因此劳动力数量增长有利于产品竞争力的提升，进而通过产品销售数量的提升化解产能过剩。

内需和外需均存在正向促进作用，这说明市场需求仍是化解产能过剩的手段。但现阶段中国刺激需求政策的效果日渐式微，则说明化解产能过剩并不能简单地使用需求刺激政策，后文分样本的回归也显示出需求政策的影响存在行业异质性。而产品供给质量提升对产能利用率有着显著的促进作用则给制造业产能过剩化解提供了重要启示，即刺激需求的政策应与供给侧政策配合使用，方能真正发挥需求侧对产能利用率的提升作用。

表 10.4-2 报告了劳动密集型行业的回归结果。与整体数据回归结果一致，劳动密集型行业产品供给质量提升对产能利用率也有着显著的促进作用。与整体回归结果不同的是，劳动密集型行业资本存量对产能利用率有着促进作用，出现这一差异的原因可能是，相对于其他行业，劳动密集型行业的资本深化程度较低，仍存在着进一步提升的空间。且近些年来，浙江省大力推进的"机器换人"举措，也以装备更新为载体，大力推进技术创新、工艺创新和管理创新。因此，"机器换人"举措的实施，虽然扩大了投资规模，但设备中蕴含的资本体现型技术进步却提升了企业的技术创新能力，进而提高了产品竞争力并促进产能过剩的化解。其他变量的回归结果基本与整体数据的回归保持一致。

表 10.4-2　劳动密集型行业的回归结果

变　量	差分 1	差分 2	差分 3	差分 4	差分 5	差分 6	差分 7
L. CU	0.377*** (0.034)	0.477*** (0.054)	0.357*** (0.023)	0.386*** (0.026)	0.603* (0.065)	0.732*** (0.201)	0.439*** (0.054)
NE	0.143*** (0.009)	0.087*** (0.008)	0.071*** (0.026)	0.062** (0.028)	0.032 (0.059)	0.115 (0.162	0.099** (0.047)
K		0.173*** (0.019)	0.138** (0.055)	0.189*** (0.045)	−0.192 (0.131)		
L			0.184*** (0.033)	0.221*** (0.032)	0.162** (0.065)	−0.096 (0.235)	0.143*** (0.041)
NU				−0.027 (0.023)	−0.094*** (0.028)	−4.223*** (1.093)	

续　表

变　量	差分 1	差分 2	差分 3	差分 4	差分 5	差分 6	差分 7
Ex					0.847*** (0.159)	0.660*** (0.232)	
D						3.022*** (0.749)	0.149*** (0.055)
OBS	60	60	60	60	60	60	60
AR(2)	0.288	0.303	0.291	0.298	0.399	0.445	0.318
Hansen	0.496	0.472	0.591	0.445	0.349	0.704	0.239

表 10.4-3 报告了资本密集型行业的回归结果。资本密集型行业产品供给质量提升对产能利用率存在着负向影响,这一结果不仅与整体和劳动密集型行业的回归结果相反,也与创新一般能够扩大市场规模的直观印象相悖,为什么会出现这一异常情况呢? 这主要是因为资本密集型行业创新能力依然不足,2015 年浙江省技术密集型行业新产品产值率为 45%,而资本密集型行业新产品产值率仅为 27%,因此创新能力不足可能导致了资本密集型行业产品供给质量提升无法有效拉动产能利用率的增长。另外,资本密集型行业还存在着资本比重较大、项目投资周期长以及产品更新换代缓慢等特征,市场可能对成熟产品的需求相对较大,新产品在上市初期不易打开市场,因此也无法有效提升产能利用率。而企业研发新产品还会导致投资进一步增加,在原有产品还未退出市场而新产品需求还未培育成熟的情况下,产能过剩则有可能出现持续加剧的情况。

资本密集型行业资本存量对产能利用率的影响不显著,但劳动力增长却有着显著的负向影响。这主要是因为资本密集型行业的技术创新或进步多依赖先进资本设备的投资,因此投资增长存在着产能扩张与技术进步两方面效应,而这个效应对产能利用率却有着相反的影响,因此资本存量最终的影响结果便存在着不确定性。而当资本密集型行业进行资本扩张时,其对劳动力还存在着数量和质量两个方面的替代作用,因此劳动力教育水平或技能水平往往会在资本扩张的过程中出现下降(陆菁、刘毅群,2016),这是劳动力数量增长对产能利用率存在负向影响的重要原因。

表 10.4-3　资本密集型行业的回归结果

变　量	差分 1	差分 2	差分 3	差分 4	差分 5	差分 6
L.CU	0.290*** (0.047)	0.232** (0.113)	1.723** (0.787)	1.165*** (0.453)	1.017* (0.541)	0.941* (0.572)
NE	−0.036*** (0.006)	−0.047* (0.025)	−0.790 (0.519)	−0.113* (0.064)	−0.006 (0.115)	0.108 (0.103)

变　量	差分 1	差分 2	差分 3	差分 4	差分 5	差分 6
K		0.080 (0.082)	0.447 (0.629)	−0.175 (0.188)	−0.144 (0.229)	−0.172 (0.274)
L			−1.594 *** (0.787)	−0.827 *** (0.101)		−0.728 * (0.469)
NU				−0.239 ** (0.095)	−0.298 *** (0.078)	
Ex					0.259 *** (0.081)	0.334 *** (0.118)
D						0.271 * (0.161)
OBS	40	40	40	40	40	40
AR(2)	0.901	0.659	0.225	0.370	0.386	0.151
Hansen	0.608	0.479	0.418	0.996	0.369	0.870

　　表 10.4-4 报告了技术密集型行业的回归结果。技术密集型行业产品供给质量提升和劳动力增长均显著地提升了产能利用率,这说明技术密集型行业仍需先进的技术和劳动力以提升产品质量和竞争力,进而提高产能利用率。与其他行业不同的是,资本存量增长对技术密集型行业的产能利用率有着显著的负向影响,这主要是因为资本驱动型发展模式并不适合技术密集型行业。资本密集型行业的技术可能更多地体现在资本设备之中,而技术密集型行业则更加注重技术研发与高端人才的投入,因此其产品创新对资本投入依赖不大,过多的资本投入反而会导致低端产能过度扩张,从而降低产能利用率。外需对技术密集型行业产能利用率的影响不显著,这一结果说明浙江省技术密集型产品在国外市场中仍缺乏竞争力。现阶段浙江省技术密集型行业多属于技术模仿与追赶者,与国外拥有原创性技术创新的企业相比,浙江省该类产品的竞争力仍有待提升。2015 年,浙江省绝大部分技术密集型行业的产品出口占比均呈明显下降态势,产品国际市场竞争力提升的任务依旧十分艰巨。劳动密集和资本密集型行业的外需对产能利用率有着积极作用,而技术密集型行业的外需作用不显著,这一结论也与王岚和李宏艳(2015)的研究相吻合,即中国制造业在全球价值链存在着低端产业地位较高、高端产业地位较低的窘境。与外需不同的是,内需对技术密集型行业的产能利用率有着显著促进作用。当前,浙江省技术密集型产品仍高度依赖国内市场,国内市场多占据着80％的销售份额,因此内需仍有着不可替代的作用。综合上述分析结果可知,未来如何加快产品创新以提高出口竞争力,进而实现"内外需双轮驱动"发展模式,应成为解决技术密集型行业产能过剩问题的重要思路。

表 10.4-4 技术密集型行业的回归结果

变 量	差分 1	差分 2	差分 3	差分 4	差分 5	差分 6
L. CU	0.621*** (0.025)	0.359*** (0.093)	0.361** (0.169)	0.588*** (0.121)	0.765* (0.582)	0.448** (0.229)
NE	0.016 (0.019)	0.287** (0.097)	0.806* (0.572)	0.414** (0.199)	0.790** (0.380)	2.078* (1.259)
K		−0.555*** (0.128)	−1.087*** (0.609)			−4.001** (1.67)
L			1.142** (0.504)	3.20** (1.603)	6.71*** (2.512)	
NU				−0.593* (0.337)	−1.309*** (0.531)	0.445 (0.154
Ex					−1.327 (1.322)	
D						2.275** (1.044)
OBS	35	35	35	35	35	35
AR(2)	0.914	0.966	0.609	0.772	0.873	0.582
Hansen	0.998	0.950	0.585	0.989	0.487	0.743

综合不同行业的实证结果来看,化解产能过剩应根据行业特征实施差异化策略。产品供给质量提升是劳动密集型和技术密集型行业提升产能利用率的重要举措,因此加快技术研发提升产品创新能力是化解产能过剩的重要举措。虽然与技术密集型行业相比,浙江省资本密集型行业创新能力相对较弱,且资本密集型行业的产品创新在一定程度上还加剧了产能过剩,但并不能因此否定创新的作用。出现上述结果主要是因为资本密集型行业技术创新对资本设备依赖较大,产品创新需要大量资本投入,但这会进一步加剧资本深化程度,进而导致产能也随之不断扩张。因此,转变技术创新的"资本路径依赖",加强原创性技术创新、工艺创新和管理创新等,应是资本密集型行业化解产能过剩的重要举措。

此外,浙江省制造业长期产能过剩,还有其特殊的形成机制。浙江省民营企业较为发达,其中最为显著的特征便是企业数量众多且规模较小,这虽有利于市场机制的发挥,但也容易导致行业出现过度竞争、产能无序扩张等问题,而企业规模小还会导致生产的规模优势难以形成,企业也无力承担技术创新所需的巨额资金投入以及创新失败可能带来的风险等。产能利用率的测度结果也显示技术效率下降是浙江省制造业出现产能过剩的重要原因,进一步印证了"小而分散"的企业布局会导致产能过剩。"小而分散"的企业布局已严重制约了浙江省制造业的转型升级，试图通过产品供给质量提升以化解产能过剩的局面也因此无法顺利形成，所以，加快提升制造业集聚发展水平将是浙江省制造业化解产能过剩的关键所在。

资本存量、劳动力和外需的影响在不同行业存在着异质性，则说明向质量型发展模式转变已成了浙江省制造业化解产能过剩的重要抓手。提升要素投入质量并加快技术创新，一方面可以从供给侧优化产品供给质量，以满足需求结构升级的要求，另一方面还可以提升产品的市场竞争力，以发挥需求侧对制造业产能过剩化解的积极作用。

为了确保回归结果的稳健性，本书使用了两种方法进行了稳健性检验。一是将被解释变量由产能利用率替换为设备利用率，然后重新使用 GMM 方法进行回归分析；二是更换回归分析方法，使用面板工具变量回归分析方法对 GMM 回归方法进行稳健性检验。使用上述两种方法进行回归，核心解释变量及其控制变量在回归结果的方向性与显著性方面基本与上文保持一致（由于篇幅所限，没有报告具体的回归结果），因此可以认为本书的结果是稳健的。

10.5　实证分析：全国数据

新常态下，中国经济下行压力逐渐加大，大量行业面临着产能过剩的问题，严重危及产业的健康有序发展，不利于经济的转型升级。因此，去产能已成为中国经济发展亟待解决的首要任务。但在长期的产业结构扭曲和以刺激需求为主的政策难以奏效的情况下，如何从供给侧寻找化解措施，对新常态下的中国经济而言，显得尤为迫切与必要。2016 年底召开的中央经济工作会议指出，产能过剩和需求结构升级矛盾依旧突出，未来经济工作的重点仍是提高供给质量。通过供给质量提升，提高供给结构对需求结构的适应性，逐步实现供求关系新的动态均衡，将是中国化解产能过剩的重要思路。近些年来，虽然中国制造业质量竞争力指数已由 2005 年的 76 提升至 2014 年的 83[①]，实现了持续的增长，但产能过剩问题却一直是困扰中国经济发展的顽疾。为什么在中国制造业供给质量提升的同时，产能过剩问题却迟迟得不到解决？通过制造业供给质量提升化解产能过剩的政策是否有效？

---

①　数据来源于国家质量监督检验检疫总局：http://www.aqsiq.gov.cn/zjsj/tjsj/tjsj4/。

10.5.1 文献梳理

要准确回答上述疑问,还需深入理解中国供给质量提升对产能过剩影响的机制。当前,重大结构性失衡仍是中国经济遇到各种矛盾与问题的根源所在,因此推动结构优化已成为供给质量提升的关键。除此之外,中央关于创新驱动的战略导向,也使得技术进步成为供给质量提升的重要驱动力。但中国技术进步存在的资本偏向(刘航、孙早,2017),虽成就了投资驱动型增长奇迹,却也引发了众多学者对中国未来发展前景的担忧。技术进步的资本偏向能够带来资本生产效率的提升,结构优化则为新供需平衡的形成提供了关键支撑,那么,两者能否通过对供给质量的优化提升而化解产能过剩? 其中的引致机理又是如何? 对上述问题的研究,不仅有助于破解当前中国所面临的产能过剩困境,也能为供给侧结构性改革提供新的启示。

现有文献多通过产能利用率的测度来判断是否存在产能过剩,但学者对产能利用率的测度方法还未形成统一的意见。较早对产能利用率测度方法进行研究的是 Cassels(1937)和 Morrison(1985),他们所使用的生产函数法对后续研究有着重要影响,如 Garofalo 和 Malhotra(1997)、王自锋等(2015)和吕品等(2016),都借鉴该方法进行过相关研究。该方法还可分为成本函数法(韩国高等,2011)与边际生产函数法(沈坤荣,2012),但因需使用大量数据进行回归计算,且所需生产要素价值等指标在中国获取较为困难,因此其测度误差较高。为了解决上述问题,部分学者转而使用数据包络分析法(DEA)对产能利用率进行测度(Karagiannis,2015),该方法无须考虑生产函数的具体形式,因此避免了函数设置偏误所导致的问题。张少华等(2017)还结合 Tone 和 Tsutsui(2009)的动态模型,对该方法进行了拓展并动态测度了中国的产能利用率。DEA 法还可与生产函数法进行结合以提升测度准确性,如 Fare et al.(2000)、Pascoe 和 Tingley(2006)的研究。在上述研究的基础上,杨振兵(2016)还基于供给侧与需求侧相结合的视角对产能利用率的测度方法进行过改进,以使其更加符合中国特征。学者虽普遍认为中国存在着产能过剩(林毅夫等,2010;徐朝阳、周念利,2015),但因测度方法和数据来源不同,相关研究结论还存在较大争议。

现阶段中国产能过剩问题仍十分严重,且持续时间较长(周劲、付保宗,2011),因此探索其成因的研究逐渐成为学界的热点问题。现有文献多认为过度投资是一个最为重要的影响因素(Alexander et al.,2011;江飞涛,2012),而对经济前景盲目乐观所导致的"潮涌现象"则是中国出现过度投资的主要原因(林毅夫等,2010)。另外,技术进步的资本偏向与地方政府的引资竞争也对"潮涌现象"有着重要影响,一方面,技术进步的资本偏向使得企业更加热衷于投资扩张,在本已存在过度投资的情况下,持续投资必然会加剧产能过剩(杨振兵,2016);另一方面,地方政府的引资竞争与其对经济发展的干预,也导致了大量重复、无序的投资(刘航等,2014)。除了过度投资外,中国长期存在的体制扭曲、能源与劳动价格扭曲以及国有企业产权不明晰等问题,都对产能过剩的出现有着重要影响(周瑞辉、廖涵,2015)。上述研究均从宏观角度进行探索,也有学者从微观层面对产能过剩的成因进行过研究,如 Conrad 和 Veall(1991)、Ma(2005)基于企业竞争策略视角进行的研究发现,在位企业通过采取扩大产能的方法阻止潜在竞争者的进入,以获取垄断收益往往会导致产能过剩,周业樑等(2007)对中国问题的研究也有着类似结论。

当前,中国多以需求侧政策为基础对产能过剩问题进行治理,如实行积极的财政政策与货币政策等(林毅夫,2016)。但在长期结构扭曲的背景下,需求侧政策的效果已越来越不明显,进而引发了学者对供给侧政策的探索(周密、刘秉镰,2017)。但中国供给侧对钢铁与家电等行业产能调控的经验显示,政府调控的政策目标并不容易实现(徐朝阳、周念利,2015)。中国在 2000 年前后对钢铁产能的调控,就导致了钢材价格大幅提升,进而刺激了地方政府与民营企业的投资热情,产能过剩也随之再次出现(江飞涛等,2007)。另外,在现有政绩考核制度下,中央与地方关系错综复杂,中央政策在地方执行不畅也使得产能过剩的治理效果大打折扣(沈坤荣等,2012)。因此,部分学者主张治理产能过剩的重点应从政府调控转向全面改革,如提高全要素生产率与优化要素配置效率等(吴敬琏,2016)。然而中国技术进步的资本偏向在提升资本生产效率的同时,又引致了投资规模的逐年扩张(杨振兵,2016),因此不利于产能过剩的化解。在普通商品市场已出现"饱和需求陷阱"的背景下,解决"供给什么"的问题(结构优化)已成为去产能的首要任务(周密、刘秉镰,2017)。

10.5.2 模型设定与变量选取

已有文献虽对结构优化与效率提升进行过大量研究,但鲜有文献同时基于两个视角分析中国的产能过剩问题,也无法明晰两者对产能过剩影响机制的差异。因此,本书在理论分析的基础上,通过测度出中国 30 个省区市 2000—2014 年的产能利用率,对制造业供给质量提升影响产能过剩的机制进行了实证检验,然后基于结构优化与效率提升的视角,探索上述影响机制出现区域与行业异质性的原因,进而为产能过剩的治理提供参考借鉴。

10.5.2.1 模型的设定

本书样本数据涉及 15 年与 30 个省区市,截面较多且时期较短,较适宜使用动态面板模型进行分析。具体的计量分析模型为:

$$CU(i,t) = \alpha CU(i,t-1) + \beta' X(i,t) + \lambda(i) + \varepsilon(i,t) \qquad (1)$$

其中，$CU(i,t)$ 表示各省市的产能利用率，$X(i,t)$ 为解释变量与控制变量，$\lambda(i)$ 为省份效应，$\varepsilon(i,t)$ 为残差项。

为了消除上述模型中的省份效应，本书借鉴 Arellano 和 Bover(1995)的研究，利用广义矩估计方法（GMM）消除省份效应，即通过差分后计量模型可修改为式(2)所示：

$$CU(i,t)-CU(i,t-1)=\alpha[CU(i,t-1)-CU(i,t-2)]+\beta'[X(i,t)-X(i,t-1)]+\varepsilon(i,t)-\varepsilon(i,t-1) \qquad (2)$$

因此，省份效应 $\lambda(i)$ 在式(2)中已不复存在。考虑到变量之间可能存在内生性问题，本书使用变量的一阶滞后项作为工具变量，并通过 AR(2)检验和 Hansen 检验判断模型和工具变量的有效性。

10.5.2.2　变量选取

(1)被解释变量。本书分析制造业供给质量提升对产能过剩的影响，Kirkley(2002)的研究认为产能过剩指数与产能利用率之间存在反向关系，因此本书使用产能利用率(CU)作为被解释变量，进而间接反映产能过剩问题。

(2)制造业供给质量(QC)。国家质量监督检验检疫总局从质量水平与发展能力两个方面构建过测度中国制造业质量竞争力指数的指标体系，该指数能够较好地衡量中国制造业的质量、结构、技术等特征，因此本书使用该指数作为制造业供给质量的代理变量。

(3)政府干预(Gov)。政府规划和引导对地方投资有着较大的影响，有时候政府还会通过政府支出等方式直接干预工业的投资，而不当的干预往往导致了严重的产能过剩问题(余东华、吕逸楠,2015)。本书使用政府支出占 GDP 的比重衡量政府干预程度。

(4)研发支出(Rd)。研发支出能够通过制造业技术水平的提升，促进制造业产品质量提升或结构改善，进而影响到制造业的产能利用率。本书使用制造业研发支出占总产值比重作为研发支出的代理变量。

(5)投资水平(K)。许多学者的研究都发现过度投资是造成产能过剩的重要原因(林毅夫等,2010)，而中国地方政府的引资竞争，还极易引发"政策寻求型"投资，进而加剧产能过剩。本书使用制造业当年投资额占总产值比重作为投资水平的代理变量。

(6)外部需求(Ex)。外部需求可以弥补内需不足，特别是对出口导向特征明显的中国而言，外部需求对产能过剩化解的作用不言而喻(吕品等,2016)。本书使用出口交货值占销售总产值比重表示外部需求。

(7)竞争程度(Co)。行业竞争程度的提升一方面能够促进生产与配置效率的提高，有利于产能利用率的增长，另一方面，过度无序的竞争也可能会带来"潮涌现象"或攀比效应（白让让，2016），进而导致产能过剩的出现。借鉴杨振兵等（2015）的研究，本书使用勒纳指数的倒数来衡量行业竞争程度，勒纳指数＝（制造业增加值－制造业工资总额）/制造业总产值。

10.5.3　回归结果分析

由于中国省区市较多且发展差异巨大，因此本书除了对中国总体样本数据进行分析外，还分别对东、中、西部省区市的数据进行了回归分析，以检验供给质量提升对产能过剩影响的区域异质性。

表10.5-1报告了中国整体数据的回归结果。制造业供给质量对产能利用率有着显著的负向影响，这一结果与预期存在较大差异。造成这一情况的原因可能是，中国制造业供给质量提升来自结构优化的贡献较低，2000年技术密集型行业销售产值占比规模以上制造业销售产值的比重为43.1％，到2014年仅增加到45.9％，结构优化的速度较为缓慢，无法满足中国需求结构转换的要求。中国制造业中劳动密集型与资本密集型产业仍占较大比重，该部分产业的市场需求多已趋于饱和，产品质量提升对产能利用率的拉动作用较低，且提升产品质量所额外增加的投资还可能进一步扩大产能，因此对产能利用率造成了负向影响。

政府干预导致了产能利用率的下降，这也与以往学者的研究结论相吻合（韩国高等，2011）。地方政府为了追求GDP与税收等的最大化，一方面推进政府主导型的投资，产能在短期内迅速扩大；另一方面，还通过制定各项优惠政策进行招商引资，而寻求短期政策优惠的外来资本，往往与地区长期发展目标相违背；且补贴性引资竞争往往还导致了各地重复建设与过度投资，进而加剧制造业的产能过剩。

投资水平提升是中国出现产能过剩的重要原因。在经济高涨时期，企业出于对经济增长的盲目乐观预期，造成了投资的"潮涌现象"（林毅夫，2010）；而在世界性经济不景气和内外需提升乏力的背景下，政府也偏向于通过大量投资刺激经济增长，带来严重的产能过剩。因此，投资驱动型发展模式已成为中国产能过剩长期存在的重要原因，也不利于经济的持续健康发展。

研发支出对产能利用率有着负向影响。一般认为，研发支出能够提高企业的技术水平，进而提高产品竞争力与销售量，缓解产能过剩问题。如果研发支出带来的技术进步仅仅提高了资本的生产效率，则会促进投资的增长，进而加剧产能过剩（白让让，2016）。后文还将继续对中国技术进步的偏向进行计算，以检验偏向型技术进步是否导致了中国的产能过剩。

外需是化解产能过剩的重要手段。在国内需求增长缓慢的情况下，外需仍是中国产能利用率提升的重要推动力，这也与中国长期坚持的"出口导向"战略有着重要关系。企业在出口的过程中，不仅能够开拓国外市场，直接消化国内的产能，还可通过模仿与学习,提升技术水平与产品质量,并改善产品结构,以促进外需的持续增长。国外对高端产品的需求还可通过企业生产传导到国内,进而促进国内需求的提升。因此,外需存在着直接与间接两个方面的提升效应。另外,"一带一路"倡议的提出,也在一定程度上提升了中国产品的外需水平,缓解了国内的产能过剩。

竞争程度的增强降低了产能利用率。在市场化水平较高的地区,竞争程度的增强能够倒逼企业淘汰落后产能,改善资本配置效率,以提高产能利用率。但中国企业互相压价、恶性竞争现象仍十分普遍,且政府主导型投资与引资竞争现象,也使得市场机制运行不畅,良性竞争机制迟迟无法形成,因此竞争程度增强不利于产能利用率的提升。这也印证了过度投资是中国产能过剩重要原因的研究结论。

表 10.5-1　中国整体数据的回归结果

变　量	差分 GMM	差分 GMM	差分 GMM	差分 GMM	差分 GMM	系统 GMM	系统 GMM
L. CU	0.006 (0.009)	0.086*** (0.022)	0.021 (0.019)	−0.036 (0.019)	−0.024 (0.022)	0.976*** (0.018)	0.858*** (0.034)
QC	−1.043*** (0.075)	−0.952*** (0.112)	−1.022*** (0.211)	−0.740*** (0.168)	−0.872*** (0.188)	−0.403*** (0.082)	−0.204*** (0.062)
Gov		−0.054*** (0.012)	−0.174*** (0.052)	−0.110*** (0.036)	−0.054 (0.046)	−0.032** (0.013)	−0.078*** (0.010)
Rd			−0.051*** (0.015)	−0.056*** (0.012)	−0.028* (0.014)	−0.044*** (0.005)	−0.070*** (0.006)
K		−0.058*** (0.003)	−0.063*** (0.005)	−0.052*** (0.005)	−0.057*** (0.004)	−0.054*** (0.008)	−0.025** (0.009)
Ex				0.095*** (0.030)	0.033 (0.022)		0.046*** (0.008)
Co					−0.674* (0.353)		
C						0.551*** (0.095)	0.466*** (0.070)
OBS	240	240	240	240	240	270	270
AR(2)	0.11 [0.910]	0.54 [0.592]	1.26 [0.208]	0.98 [0.326]	0.82 [0.413]	0.90 [0.367]	0.71 [0.478]
Hansen-test	29.23 [0.932]	27.24 [0.938]	25.65 [0.318]	23.92 [0.408]	24.18 [0.338]	24.89 [0.811]	26.32 [0.286]

注:***,**和*分别表示在1%、5%和10%水平上显著,小括号内数字为标准误,中括号内数字为 P 值,下同。

表 10.5-2 报告了东部地区的回归结果。与全国数据不同的是，东部地区制造业供给质量提升对产能利用率有着显著的促进作用。其中可能的原因是，东部地区技术密集型行业占比高，制造业供给结构优化是供给质量提升的重要推动力，契合了当前中国消费需求向高端转型的要求，因此制造业供给质量提升对产能利用率有着促进作用。

另一个出现不同结果的是竞争程度指标，东部地区竞争程度的增加能够促进产能利用率的提高。东部地区市场化程度较高，且民营与中小企业较多，这类企业受政府干预的影响相对较小（王文甫等，2014），市场化导向特征明显，因此竞争程度增加往往有利于生产与配置效率的提高，进而促进产能利用率的提升。其他控制变量的回归结果基本与全国数据的回归结果一致。

表 10.5-2　东部地区数据的回归结果

变　量	差分 GMM	差分 GMM	差分 GMM	差分 GMM	差分 GMM	系统 GMM	系统 GMM
L. CU	−0.222*** (0.037)	−0.079* (0.039)	−0.382*** (0.196)	−0.541*** (0.167)	−0.164 (0.250)	−0.231 (0.373)	0.017 (0.104)
QC	0.407** (0.160)	3.209*** (0.305)	2.765** (1.140)	3.696*** (1.175)	4.921*** (1.317)	5.108*** (1.544)	6.113*** (1.771)
Gov		−0.590*** (0.086)			−1.587*** (0.376)	−0.803 (0.727)	−1.374** (0.542)
Rd			−0.339*** (0.079)		−0.176*** (0.035)	−0.105* (0.055)	−0.171 (0.118)
K			−0.171** (0.067)			−0.051 (0.061)	
Ex				0.367** −0.12		0.112 (0.161)	
Co				2.049*** (0.343)	1.149 (1.080)		0.389 (1.149)
C						−3.005* (1.526)	−4.278*** (1.160)
OBS	88	88	88	88	88	99	99
AR(2)	−0.64 [0.521]	−0.80 [0.422]	1.98 [0.048]	0.5 [0.616]	−0.05 [0.958]	−0.70 [0.481]	−0.02 [0.980]
Hansen- test	9.42 [0.400]	6.76 [0.562]	5.15 [0.398]	4.08 [0.770]	2.75 [0.908]	7.80 [0.900]	6.44 [0.892]

表 10.5-3 报告了中部地区的回归结果。与东部地区回归结果一致,中部地区制造业供给质量的提升也显著促进了产能利用率的提升。其他控制变量的影响也基本与东部地区一致。

表 10.5-3　中部地区数据的回归结果

变　量	差分 GMM	差分 GMM	差分 GMM	差分 GMM	差分 GMM	系统 GMM	系统 GMM
L. CU	−0.243*** (0.031)	0.031 (0.078)	0.095 (0.225)	0.164 (0.550)	−0.810 (0.445)	0.356 (0.435)	−0.085 (0.241)
QC	0.505*** (0.145)	0.621** (0.242)	1.422* (0.746)	0.541 (1.198)	0.752 (1.976)	3.187** (1.061)	1.465 (1.742)
Gov			−0.077 (0.134)	−0.091 (0.128)		−0.865** (0.318)	−0.209 (0.459)
Rd				−0.113*** (0.028)	−0.293*** (0.067)	−0.108 (0.058)	
K		−0.598** (0.020)	−0.085*** (0.013)	−0.068 (0.067)	0.070 (0.049)		−0.056 (0.034)
Ex					0.871*** (0.221)		
Co							2.587* (1.162)
C						−1.702 (0.928)	−2.501 (2.397)
OBS	64	64	64	64	64	72	72
AR(2)	−0.58 [0.563]	−0.07 [0.947]	0.38 [0.704]	1.08 [0.280]	1.47 [0.141]	−1.28 [0.201]	−0.13 [0.893]
Hansen-test	3.22 [0.665]	1.28 [0.864]	7.19 [0.618]	3.43 [0.180]	2.32 [0.985]	4.39 [0.625]	1.17 [0.760]

表 10.5-4 报告了西部地区的回归结果。与东部和中部地区不同的是,西部地区的制造业供给质量提升不利于产能利用率的提高,这与全国数据的回归结果一致。造成这一现象的可能原因是,西部地区制造业结构仍较为落后,供给结构升级对供给质量提升的贡献较小,非技术密集型产业供给质量的提升并不能带来产能利用率的提升。

外需不利于西部地区产能利用率的提升。西部地区产业层次较低,无法满足国外对高端产品的需求,且多数企业还处在全球价值链低端进行无序竞争,产业转型困难重重。另外,西部地区远离港口的区位劣势也导致了其出口能力相对较弱,因此外需的积极影响无法充分发挥。其他控制变量的影响基本与中、东部地区类似。

　　综合全国、东部、中部和西部的回归结果可知，制造业供给质量提升对产能利用率的影响存在着区域异质性，在东部和中部地区有着促进作用，在西部地区则有着显著的负向作用。由于区域间的产业结构差异，东部与中部地区的技术密集型产业占比较西部高，结构优化对制造业供给质量的影响较大，即结构红利得到了充分发挥（张军，2009）。西部地区供给质量提升则更多来源于低端产业生产效率的提升，但在中国需求结构已向高端转变的背景下，低端产业生产效率的提升会导致严重的产能过剩（杨振兵，2016）。

表 10.5-4　西部地区数据的回归结果

变量	差分 GMM	差分 GMM	差分 GMM	差分 GMM	差分 GMM	系统 GMM	系统 GMM
L. CU	0.212*** (0.032)	−0.241 (0.158)	−0.214 (0.158)	0.037 (0.077)	−0.468 (0.487)	−0.192 (0.229)	0.560* (0.263)
QC	−2.498*** (0.349)	−1.786*** (0.422)	−3.300*** (0.854)	−1.384** (0.564)	−3.812*** (1.137)	−4.705*** (1.163)	−1.396** (0.555)
Gov		−0.295*** (0.054)	−0.199*** (0.048)	−0.189** (0.072)	−0.276 (0.183)	−0.031 (0.098)	−0.131 (0.092)
Rd		−0.093*** (0.020)	−0.038 (0.028)	−0.026 (0.020)	−0.047 (0.045)	−0.005 (0.040)	
K				−0.023** (0.010)			−0.045*** (0.007)
Ex			−0.170** (0.062)	−0.170*** (0.030)			−0.469* (0.228)
Co					−4.141 (2.781)		
C						5.415*** (1.238)	2.071** (0.681)
OBS	88	88	88	88	88	99	99
AR(2)	−0.57 [0.566]	0.12 [0.905]	0.04 [0.965]	0.58 [0.563]	0.02 [0.986]	−0.98 [0.329]	1.49 [0.137]
Hansen-test	10.53 [0.309]	3.10 [0.928]	8.02 [0.330]	7.18 [0.208]	9.63 [0.141]	5.29 [0.507]	5.79 [0.215]

10.5.4　稳健性检验

10.5.4.1　更换产能利用率的计算方法

为了确保回归结果的稳健性，上文同时使用了差分 GMM 和系统 GMM 方法进行回归。另外,产能利用率的测度方法在学界还未形成一致看法,因此本部分将更换产能利用率的测度方法,然后再次进行回归分析。使用协整法(Shaikh 和 Moudud,2004)测度产能利用率并进行回归分析的结果如表 10.5-5 所示,核心解释变量与控制变量在回归系数与显著性上基本与上文一致,因此可以认为本书的回归结果是稳健的。

表 10.5-5 稳健性检验

变量	全国		东部		中部		西部	
	差分 GMM	系统 GMM	差分 GMM	系统 GMM	差分 GMM	系统 GMM	差分 GMM	系统 GMM
L.CU	0.604*** (0.043)	0.835*** (0.032)	0.745* (0.217)	0.873 (0.199)	0.853** (0.336)	0.735*** (0.158)	0.382* (0.194)	0.759*** (0.162)
QC	−0.049** (0.023)	−0.053** (0.016)	0.362** (0.092)	0.385** (0.134)	0.333** (0.127)	0.334* (0.165)	−0.476*** (0.081)	−0.347** (0.120)
Gov		−0.030*** (0.006)	−0.113*** (0.021)	−0.192*** (0.026)	−0.112** (0.037)	−0.069* (0.031)	−0.013 (0.010)	−0.002 (0.007)
Rd	0.001 (0.001)	−0.007*** (0.002)	−0.016** (0.007)	−0.020** (0.007)	−0.017** (0.005)	−0.015* (0.007)		
K	−0.204*** (0.020)		−0.017** (0.006)	−0.016 (0.005)	−0.005 (0.007)		−0.021*** (0.005)	−0.020*** (0.003)
Ex	0.005 (0.002)	0.003** (0.001)	0.017*** (0.004)				−0.024 (0.018)	
Co	−0.002** (0.001)	−0.005*** (0.001)	0.076 (0.119)	0.214* (0.105)		0.040 (0.078)	−0.513*** (0.127)	−0.322** (0.122)
C		0.256*** (0.038)		−0.348 (0.381)		(0.078) (0.271)		0.869*** (0.187)
OBS	240	270	88	99	64	72	88	99
AR(2)	−0.17 [0.862]	−1.68 [0.094]	0.60 [0.551]	1.36 [0.172]	0.18 [0.860]	0.47 [0.641]	0.51 [0.613]	0.19 [0.847]
Hansen-test	27.63 [0.230]	28.46 [0.598]	7.45 [0.827]	7.12 [0.129]	3.75 [0.994]	3.57 [0.828]	4.62 [0.328]	3.86 [0.998]

10.5.4.2 分行业进行回归

根据上文回归结果,本书认为在技术密集型行业占比较大的东部和中部地区,制造业供给质量的影响为正,而在西部地区则有负向影响。如果上述结论是稳健的,那么利用分行业数据进行回归分析则应有如下结果:制造业供给质量对技术密集型行业的产能利用率有着显著的促进作用,对资本与劳动密集型行业的产能利用率则为显著的负向作用。基于上述思路,本部分对中国制造业 28 个行业 2000—2014 年的产能利用率进行了测算,并利用该数据从技术密集型、资本密集型和劳动密集型三个层面分别进行回归分析,具体的结果如表 10.5-6 所示。结果显示制造业供给质量提升仅在技术密集型行业有着显著的正向影响,在资本与劳动密集型行业则有着负向影响,该结果再度验证了上文回归结果的稳健性。

表 10.5-6　分行业数据的回归结果

变　量	技术密集型		资本密集型		劳动密集型	
	差分 GMM	系统 GMM	差分 GMM	系统 GMM	差分 GMM	系统 GMM
L. CU	−0.886*** (0.057)	0.286 (0.519)	−0.135*** (0.034)	0.224 (0.177)	−0.286*** (0.054)	0.276 (0.188)
QC	1.941*** (0.538)	1.819* (0.086)	−3.749*** (1.296)	−1.463** (1.669)	−9.914*** (2.088)	−3.039* (1.352)
C		−1.733 (1.224)		1.668** (0.638)		3.451** (1.335)
OBS	64	72	96	108	64	72
AR(2)	−1.64 [0.100]	1.00 [0.316]	−1.13 [0.261]	0.49 [0.625]	−0.96 [0.339]	0.39 [0.695]
Hansen-test	6.35 [0.957]	5.20 [0.951]	8.25 [0.827]	7.37 [0.987]	4.96 [0.549]	6.10 [0.992]

注:由于篇幅所限,本表没有报告控制变量的回归结果。

10.5.5　对影响机制的进一步分析:结构升级与效率提升哪个重要?

上文研究显示制造业供给质量提升对产能利用率的影响存在区域与行业异质性,根据理论分析部分可知,造成这一情况的原因是制造业供给质量提升的途径差异。通过产业结构升级提升制造业供给质量,不仅带来了产品质量的提升,还丰富了产品结构,特别是高端产品的供给增加,能够满足当前社会需求提升的要求,因此对产能利用率有着积极影响,是中国化解产能过剩的重要途径。如果产业结构得不到升级,而仅仅提升低层次产业的生产效率,便会导致企业对资本投入的偏好,产能进一步提升,进而导致产能利用率的不断下降,加剧了本已存在的产能过剩问题。中国的技术进步,特别是技术进步的资本偏向带来的效率提升,已导致中国对资本投入的热衷,因此这可能是产能过剩出现的重要因素之一。

为了验证上述影响机理,本书分别将技术密集型产业占比、非技术密集型产业(劳动与资本密集型)占比与制造业供给质量组成交叉项,以分析产业结构升级型供给质量提升对产能利用率的影响。现阶段中国技术进步的资本偏向特征仍十分明显(戴天仕、徐现祥,2010),因此本书将其与制造业供给质量组成交叉项,以分析制造业效率提升型的供给质量提升对产能利用率的影响。其中,技术密集型与资本密集型产业占比分别使用技术密集型与资本密集型产业产值占制造业总产值比重表示。同时,本书借鉴 Kirkley(2002)、杨振兵等(2015)的研究,使用随机前沿分析法对技术进步的资本偏向进行测算,因为超越对数的生产函数不需要假定技术进步是中性的,且要素替代弹性可变,因此本书使用该方法进行测度,具体的生产函数为:

$$\ln Y_{it} = \alpha_0 + \alpha_1 t + \alpha_2 t^2/2 + \alpha_3 \ln K_{it} + \alpha_4 \ln L_{it} + \alpha_5 t \ln K_{it} + \alpha_6 t \ln L_{it} + \alpha_7 \ln k_{it} \ln L_{it}/2$$
$$+ \alpha_8 (\ln K_{it})^2/2 + \alpha_9 (\ln L_{it})^2/2 + \nu it - \mu it \tag{3}$$

其中,Y 为产出值,K 为资本存量,L 为劳动力,ν 为随机误差项,μ 为技术损失误差项,i 为行业,t 为时间,t 还可以反映投入要素的技术差异。

根据 Diamond(1965)关于技术进步偏向的研究,技术进步的资本偏向的测度方法为:

$$A = \frac{\partial MPK/\partial t}{MPK} - \frac{\partial MPL/\partial t}{MPL} = \frac{\alpha_5}{\varepsilon_K} - \frac{\alpha_6}{\varepsilon_L} \tag{4}$$

其中,A 表示技术进步的偏向,$A>0$,表示技术进步是偏向于资本的;$A<0$,表示技术进步是偏向于劳动的;$A=0$,表示技术进步是中性的。MPK 和 MPL 分别表示资本与劳动的边际产出。ε_K 和 ε_L 分别表示资本与劳动的产出弹性,可根据上述设定的生产函数求出:

$$MPK_{it} = \frac{\partial Y_{it}}{\partial K_{it}} = \frac{Y_{it}}{K_{it}} \varepsilon_K = \frac{Y_{it}}{K_{it}}(\alpha_3 + \alpha_5 t + \alpha_7 \ln L_{it}/2 + \alpha_8 \ln K_{it}) \tag{5}$$

$$MPL_{it} = \frac{\partial Y_{it}}{\partial L_{it}} = \frac{Y_{it}}{L_{it}} \varepsilon_L = \frac{Y_{it}}{L_{it}}(\alpha_4 + \alpha_6 t + \alpha_7 \ln K_{it}/2 + \alpha_9 \ln L_{it}) \tag{6}$$

利用随机前沿分析法对生产函数的参数进行估计,具体的结果如表 10.5-7 所示。绝大部分的参数估计结果都是显著的,γ 值为 0.954,通过显著性检验,说明存在技术无效率情况,需使用随机前沿分析法进行估计。

表 10.5-7　参数估计结果

参数	系数	标准误	T 值
α_0	4.027***	0.751	5.363
α_1	0.175***	0.032	5.382
α_2	−0.004***	0.001	−6.994
α_3	0.508*	0.308	1.648
α_4	−0.279	0.199	−1.401
α_5	0.007	0.007	0.966
α_6	−0.015***	0.005	−3.132

续　表

参数	系数	标准误	T 值
α_7	0.234***	0.056	4.148
α_8	−0.077***	0.038	−2.033
α_9	−0.107***	0.033	−3.219
$\sigma 2$	0.255***	0.046	5.577
γ	0.954***	0.010	98.043
log likelihood function	283.690	LR	604.895

　　根据参数估计结果,本书对中国制造业技术进步偏向的测度结果如图 10.5-1 所示。技术密集型、资本密集型和劳动密集型行业的技术进步偏向结果均大于零,这说明中国制造业技术进步是偏向于资本的,这也与其他学者的研究相吻合(雷钦礼,2013;杨振兵等,2015;刘航、孙早,2017)。劳动密集型行业技术进步资本偏向最为明显,资本密集型行业次之,技术密集型行业最低。近年来,中国大力推行机器换人、智能制造等战略,特别是在劳动密集型行业大规模推进的先进机器设备投入,替代了大量的劳动力资源,生产效率得到了大幅度提升,因此技术进步的资本偏向也最为明显。上述发现也在一定程度上解释了制造业供给质量提升对产能利用率造成负向影响的原因,即技术进步的资本偏向虽能推进制造业供给质量提升,但也大幅度提高了行业的产能,在需求增长较慢的情况下,产能过剩便会发生。当然,这仅是直观上的推测,下文还将通过实证分析进行证明。

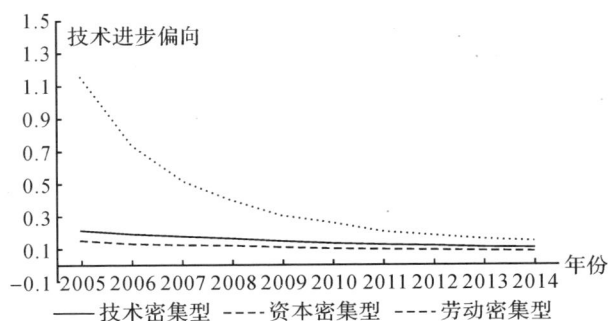

图 10.5-1　中国制造业的技术进步偏向

　　分别使用技术密集型产业占比、非技术密集型产业占比、技术进步的资本偏向与制造业供给质量组成交叉项,并将其加入到实证分析模型,然后利用制造业供给质量与交叉项的系数,判断产业结构升级型与效率提升型供给质量提升对产能利用率的影响。具体的回归结果如表 10.5-8 所示。

技术密集型产业占比与供给质量的交叉项（QC＊JS）的回归结果为正,而非技术密集型产业占比与供给质量的交叉项（QC＊FJ）的回归结果为负,这初步验证了上文的推测。即技术密集型产业占比提升更加符合中国治理产能过剩的需要,非技术密集型产业占比的提升不符合中国消费结构高端转型的需要,因此不利于产能过剩的化解。技术进步资本偏向与供给质量交叉项（QC＊A）的回归结果显著为负,进一步证实了效率提升型供给质量提升对产能过剩化解的不利影响。技术进步的资本偏向,一方面提高了制造业的供给质量,另一方面也提高了资本的生产效率,进而对厂商产生了"投资诱导效应",即资本效率的提升,会导致厂商更加偏爱投资扩张提升产量,以降低单位产品成本。由于普通商品多存在一个最大需求量的限制,因此通过投资扩张产能最终会导致产能过剩的出现。上文回归结果也显示中国的投资增长对产能利用率有着显著的负向影响,因此"投资诱导效应"必然会加剧产能过剩问题。

现阶段,中国的消费需求正在向高端转变,单纯的效率提升已无法适应这一转变的要求,只会导致更加严重的产能过剩问题。产业结构优化对产能利用率的促进作用,则在一定程度上支持了中国消费需求向高端转型的推测,因此中国化解产能过剩的关键应是推动产业结构优化升级,而不是单纯的效率提升。

表 10.5-8　结构升级与效率提升的影响

变　量	差分 GMM	系统 GMM	差分 GMM	系统 GMM	差分 GMM	系统 GMM
L. CU	−0.027 *** (0.009)	−0.026 (0.021)	−0.022 (0.038)	−0.027 (0.019)	−0.024 *** (0.005)	0.091 *** (0.029)
QC	−0.335 *** (0.087)	−0.425 * (0.277)	−1.230 * (0.742)	−0.423 * (0.277)	−0.536 *** (0.070)	−0.716 ** (0.138)
QC＊JS	0.741 *** (0.193)	0.469 * (0.286)				
QC＊FJ			−1.863 * (1.113)	−0.469 * (0.286)		
QC＊A					−0.006 *** (0.003)	−0.007 * (0.0001)
C		0.603 ** (0.277)		1.073 *** (0.351)		1.019 *** (0.046)
OBS	224	252	224	252	224	252
AR(2)	−0.40 [0.689]	−0.34 [0.732]	−0.58 [0.561]	−0.34 [0.732]	0.12 [0.905]	1.00 [0.319]
Hansen-test	27.64 [0.324]	24.93 [0.935]	22.07 [0.054]	24.93 [0.935]	26.93 [0.36]	25.63 [0.984]

10.6   结论与启示

本书利用 DEA 方法，综合技术效率与设备利用率两个层面对浙江省制造业的产能利用率进行了测度，然后基于产品供给质量的视角分析了产能利用率提升的影响因素，以期为浙江省制造业产能过剩的化解提供参考。基于浙江省数据的研究结论与启示有：

（1）浙江省制造业产能利用率变动存在着周期性特征，技术效率损失是产能利用率下降的主要因素。从时间上看，浙江省制造业产能利用率在 2001 年之后存在两个下行周期，分别是 2001—2006 年和 2009—2012 年，这也与世界经济的周期性波动保持一致。分行业看，制造业产能过剩存在着明显的行业普遍性特征。其中，劳动和资本密集型行业的产能过剩问题最为突出，技术密集型行业相对较轻。从变动原因上看，技术效率损失是导致浙江省存在产能过剩的重要因素，设备利用率在 2009 年之前出现过提升，部分抵消了技术效率损失的影响。2009 年之后设备利用率基本处于稳定状态，这说明设备利用率可能已出现了提升瓶颈，未来提升产能利用率的方向应转向技术效率提升，即加大技术引进与创新，不断促进制造业技术效率提升。

（2）产品供给质量提升能够提高劳动密集型和技术密集型行业的产能利用率，却加剧了资本密集型行业的产能过剩。产品供给质量提升满足了当前社会需求结构升级的需要，促进了供给结构与需求结构的再平衡，因此对去产能有着积极的促进作用。由于资本密集型行业的技术创新过度依赖资本设备更新，即投入新设备是产品供给质量提升的前提条件，而新设备的不断投入，外加原有设备难以快速淘汰等原因，均导致了行业产能不断扩张，因此产品供给质量提升反而加剧了资本密集型行业的产能过剩。未来浙江对产能过剩的治理应依据行业特征实施差异化的创新措施，特别是对资本密集型行业，应转变技术创新的"资本路径依赖"，重点探寻原创性的知识创新和人力资本创新。

（3）过度竞争与规模效应缺失对浙江省制造业产能过剩的形成有着重要影响。竞争水平提升对产能利用率有着显著的负向影响，说明广泛存在的民营企业虽是浙江经济引以为傲的特色，但也对制造业产能过剩的出现有着不可忽视的作用。首先，民营企业规模较小且数量较多，进而导致了制造业过度竞争问题严峻；其次，数量众多且布局分散导致了规模经济难以实现，企业进行技术创新的意愿和能力不足，产品生产长期处在价值链低端环节，难以满足需求结构升级需要。因此，培育民营企业技术创新能力并不断提升集聚发展水平，应成为制造业未来发展的重心所在。

(4)提升内需仍是化解产能过剩的重要途径,但外需却存在着"低端产业有效、高端产业无效"的局面。内需提升对三类制造业产能利用率均有着显著的促进作用,因此提升内需仍是去产能的关键所在,而以往刺激需求政策的无力,则说明提高需求应与提升产品供给质量相结合。外需仅对劳动密集型和资本密集型行业的产能利用率有着促进作用,对技术密集型行业的影响不显著,这是因为浙江省技术密集型行业的技术创新能力仍落后于发达国家,其产品国际竞争力不足,因此无法依赖外需提升产能利用率。这一结论也进一步印证了产品供给质量提升对制造业产能过剩化解的积极作用。

利用中国制造业 2000—2014 年的数据进行实证检验,得出的主要结论与启示有:

(1)中国制造业产能过剩呈现区域上的普遍性与时间上的长期性特征。制造业产能过剩由东向西逐步加剧,东部省份产能利用率多在 80% 上下波动,存在着一定的产能过剩问题;中部省份产能利用率在 50% 上下波动,存着较为严重的产能过剩问题;西部省份产能过剩最为严重,多在 30%—40% 之间。从时间上看,东、中、西部产能过剩均呈长期持续状态,且西部地区还处在不断恶化的趋势之中。

(2)结构优化型供给质量提升是中国化解产能过剩的重要路径。仅在产业结构相对较好的中、东部地区以及技术密集型行业,供给质量提升才对产能过剩的化解起到积极作用。在西部地区以及非技术密集型行业,供给质量提升对产能过剩的化解存在着负向作用,但结构优化可以缓解供给质量提升的不利影响。产业结构层次较低,无法满足消费者对高端产品的需求,是造成产能过剩的重要原因,因此通过结构优化促进需求结构与供给结构的匹配,是解决产能过剩问题的重要举措。

(3)技术进步的资本偏向会产生"投资诱导效应",进而加剧产能过剩。技术进步的资本偏向,带来了资本生产效率的大幅度提升,因此会诱导厂商对投资扩张的偏爱,即技术进步的"投资诱导效应"。现阶段,制造业投资的增长已对产能利用率带来了显著的负向影响,在资本偏向型技术进步的诱导下,投资扩张只会越发加重中国的产能过剩问题。因此,盲目推进技术进步,而不关心技术进步的类型与产能过剩形成的具体原因,无法有效缓解当前的产能过剩问题。

(4)政府干预与研发支出的增强加剧了产能过剩。地方政府追求 GDP 与税收最大化的投资决策,以及通过各项优惠政策吸引来的"政策寻求型"投资,往往背离了市场需求导向,会导致重复建设与过度投资等问题,进而加剧制造业的产能过剩。研发支出的回归结果显著为负,进一步验证了"技术进步的资本偏向会加剧产能过剩"的研究结论。因此,加强研发投入的目标导向,减少资本偏向型技术进步的"投资诱导效应"，不仅是提高研发投入效益的关键举措，也是化解产能过剩的重要思路。

（5）竞争程度提升对产能过剩化解作用的发挥，需辅以良好的制度环境。在市场化水平较高的东部和中部地区，竞争程度提升可以倒逼企业淘汰落后产能，改善资本配置效率并提高产能利用率。而在政府主导型投资和补贴性引资竞争较为普遍的西部地区，资源的市场化配置机制运行不畅，也无法形成良性竞争机制，因此不利于产能过剩的化解。对产能过剩的治理虽需政府的介入，但应把握"度"的问题，在市场发育较为完善的区域与行业，企业间的良性竞争能够促进配置效率的提升，政府干预往往会因"误判"而起到负面作用，只有当竞争演化到无序并可能引发全局性问题时，政府的适度介入才显得更为必要。

（6）充分利用外需的直接与间接效应，是化解产能过剩的重要抓手。在"出口导向"战略影响下，中国对外需仍存在着较大依赖。一方面，国内企业可通过外需增长直接消化过剩产能；另一方面，国外高端需求还可倒逼国内出口企业生产结构的优化，并传导到国内其他企业，实现国内供给质量的提升，进而缓解产能过剩问题。但在产业层次较低的西部地区，因其出口产品层次较低，外需的积极作用无法得到体现。

11 经济增长质量提升的经验借鉴

11.1 美国的经验借鉴

11.1.1 加强科技创新,不断推动产业转型升级

一是注重投入。美国在研发领域的投入仍居全球首位,近年来年开支达 4200 亿美元以上,美国对教育投入巨大,建立了世界上规模最大、水平最高的教育体系,特别是高等教育方面远远领先其他国家,政府还通过先进设备、部门与科研机构、高校联动,设立联合技术测试平台等方式,促进美国创新发展。

二是注重全面创新。除了科研机构、企业等积极进行创新外,美国普通民众创新意识也非常强,创新参与度较高。在创新对象方面,除了实验发明外,在实际应用方面的创新也层出不穷,新产品、新工艺、新技术设备、新的管理方式创新等皆受到社会重视。

三是设计有效的政策体系和制度安排。对科技创新,美国实行"适当干预"政策,建立了比较完善的支持科学研究、技术发明和创新的政策体系。对于基础研究、关键共性研究,政府直接提供大量财政资金,对企业研发投入采取税收减免等措施;在成果转化方面,政府大力支持产学研合作和军民科技研究合作,通过税收优惠等措施扶持中小企业、发展创业投资;在需求培育方面,主要通过军事订购和政府采购对创新产品给予支持;在制度建设方面,美国是第一个将保护知识产权写进宪法的国家,激发了社会发明创新的活力。同时,美国还制定了"反托拉斯法"与"反不公平竞争法",以阻止因专利权的滥用而扼杀竞争的现象出现。

11.1.2 制定实施产业复苏政策,努力推动"再工业化"战略

战后,由于劳动力成本不断高涨,美国制造业纷纷向海外迁移,20 世纪后期,

计算机信息技术和金融业的快速发展,进一步推动了美国制造业的"空心化",最终金融危机的爆发,使得美国经济陷入巨大困境。为了实现美国经济的复苏,美国政府提出了"再工业化"战略,制定和执行制造业产业政策,加大政府干预经济的深度和高度,大力促进制造业回归美国。美国的"再工业化"战略并不是简单地引导制造业回归,而是侧重发展高端制造业,如飞机制造业、通用汽车高质量汽车生产计划、先进传感器与数字制造业、以页岩天然气开发带动的国内高端石化行业与钢铁行业等。另外,高端制造业的回归还可以增加高新尖端技术领域的就业机会,吸引高级制造业人才流向美国,美国计划设计"美国学徒奖金竞赛",以促进新的学徒模式发展,进而夯实产业发展的人才支撑。通过制定详细的国家导向战略,投入大量的资金以抢占高端制造业研发高地,2012 年美国政府在俄亥俄州创建了美国第一座聚焦制造业创新和研究的科研机构,专攻 3D 打印技术,美国政府还计划继续建设其他研发基地,期望实现制造业的技术革命,实现经济增长质量的快速提升。

11.1.3 以大型跨国公司为载体,推进全球要素配置与贸易投资高度一体化

为了维持美国在世界经济中的地位,随着要素流动自由化进程加快,美国经验的最显著特征:一是大型跨国公司是提升美国贸易水平的主力军,美国跨国公司有着卓越的创新能力、丰富的管理经验和优秀的产品,对外贸易的竞争力较强,对美国贸易额的提升和贸易结构的改善有着重要的推动作用;二是通过技术创新保持技术要素的绝对优势,推动美国贸易收益水平不断提升,美国通过各类政策法规和资金支持,鼓励企业创新,和其他国家相比,有着明显的技术优势,对外贸易的产品附加值较高,贸易利润大,因此美国贸易收益可以得到不断提升;三是国际金融在分享国际贸易收益、提升开放水平中发挥重要作用。美国的金融业高度发达,对美国贸易有着重要的支撑作用,美元长期占据国际支付货币的主导地位,美国各类金融机构在世界贸易中都有着重要的影响力,对美国经济发展质量提升有着不可或缺的作用。

11.2 德国的经验借鉴

德国经验的最显著特征在于:在有着对自主创新要素的高度集聚能力和坚实制造业的基础上,实现欧盟范围内高度自由化的要素流动。

11.2.1　注重政策的连续性与稳定性

德国经济是当前国际经济增长中的亮点之一,在各个方面都比其他发达经济体表现突出,这不仅得益于德国在经济危机时期采取的政策,更得益于长期以来德国采取的经济模式的稳健性。政府在创新战略制定和政策设计方面,特别注重不同背景下,战略决策的连续性及政策制度的系统性。如在推进集群式创新方面,德国政府通过构建产业集群来提高企业的生产效率,发挥集群的创新载体效应。德国政府首先通过 BioRegio(生物区)计划,在此计划的基础上,后来又通过 InnoRegio(创新地区)计划和 GA-networking(GA 网络)计划,对德国高新技术产业起到了持续、连贯的推动作用,提升了德国高新技术企业的创新能力。对战略制定的连续性和政策设计的系统性,使得德国在不同时期不同领域的科技发展都有明确的路径可循,具有高度的前瞻性、针对性和灵活性。

11.2.2　政府重视对教育与科学技术的投入

对教育和科研的重视与大量投入,大大提升了德国科学技术发展水平。德国各州对其教育都有立法权,并对研发活动进行资助,德国总的研发投入占 GDP 的水平达到 3%,高于欧盟 2% 的平均水平。政府积极资助职业技术教育中心建设,以培训企业工人的技术,政府还资助中小企业工人到大企业培训。德国先进的大学教育和面向企业的职业教育"双元发展"模式,培养出大量的高素质的工程师和高级技工,推动科技研发成果快速实现产业化、商业化。另外,政府还推出一系列计划和行动措施支持企业的发展创新,如"质量保障计划",以支持中小企业建立完善质量保障系统和提高质量管理水平;实施高科技战略投资,将德国建成"创意之国",建立有利于高新技术小企业创业和创新型中小企业发展的政策环境;2012 年政府决定继续拓宽德国创新型初创企业的融资途径,为德国企业募集更多的风险资本,进一步加强德国在国际创新竞争中的地位。

11.2.3　打造坚实的制造业基础,高度集聚全球创新要素

德国拥有一批历史悠久、技术积淀深厚的大企业,如西门子、大众汽车、戴姆勒-奔驰、宝马、蒂森工业、纽伦堡机器公司等。德国制造的产品,以其可靠的产品质量大量出口到世界各国,在 20 世纪七八十年代,机床、汽车、照相机等机械产品大量出口到国外,80 年代后,机械设备、化学制品、电气和电子工程设备等大量出口到美国以及中国、印度和巴西等新兴市场,德国生产的汽车也大量出口到世界各国。"德国制造"在世界市场上成为"质量和信誉"的代名词,坚实的制造业是德国经济质量提升的坚实基石,德国坚持高端和专业化的制造业发展,而且拥有一批具

有巨大自主创新和精细专业化生产能力的中小企业,对全球范围内的创新要素具有高度凝聚力。以知名制造企业为载体,大力积聚全球资源,加强与西欧和北美国家的尖端合作科研、大型科研基础设施联合建设、青年科学家培养与交流等,吸引发展中国家学生来德国学习并留住优秀人才,集聚全球创新要素。

11.3 日本的经验借鉴

11.3.1 国际合作

在综合利用贸易、产业等复合型贸易战略的基础上,对海外高级要素的大力汲取与海外配置,这也是日本经济发展的重要特征,积极融入欧美主导的双边、多边贸易,为日本提升要素流动自由化水平和贸易水平提供了良好的国际环境。在 20 世纪 90 年代,日本制定了《日本的 FTA 战略》,2002 年,日本与新加坡签署了两国自由贸易协定,且正在积极推进与东盟、墨西哥和韩国之间的双边磋商,现已经取得了阶段性的成果。除此之外,日本还积极参与美国主导的 TPP 谈判,加强与欧盟的双边合作,在非洲的政治和经济活动也逐渐活跃。地区合作的开展不仅为日本在经贸往来上提供了良好的国际环境,而且有利于发挥日本经济的整体优势和强项。

11.3.2 "产业政策主导型"发展模式

"产业政策主导型"发展模式保障了产业连贯有序发展。日本成立的通产省主要负责经济发展,涉及产业与贸易政策、技术创新与企业发展、产业标准化与信息服务等。日本政府制定出台各项产业扶持政策,并提供各类产业扶持资金,设立国家级质量奖,激励日本企业向其他发达国家学习。战后日本对经济发展实施了大量政府干预,实现了长时期的经济高速发展,一跃成为仅次于美国的世界第二大经济体,因此其经济也被称为政府干预的市场经济,世界其他国家也纷纷向日本学习其发展经验。"产业政策主导型"发展模式保证了日本经济长期快速发展。1946年日本政府提出的"倾斜生产方式"为主的产业复兴政策;20 世纪 50 年代初期制定的"产业合理化政策",将钢铁、煤炭、电力以及造船四大产业作为重点;1999 年提出的"产业技术产业创新基本战略"加大了创新产业的力度;以及近年来,向新能源产业、生物工程产业、节能环保产业进军的新型产业政策等,都显示了"产业政策"在日本经济发展中的重要地位。

11.3.3 技术创新

制定技术质量标准,注重技术创新对经济增长质量的重要作用。战后,日本大力实施对外贸易和重工业化发展策略,建立了完整的现代工业体系,但随着国际贸易摩擦的增多、环境意识的增强和石油危机的爆发,日本意识到调整产业结构的必要性。日本政府进而提出了技术立国战略,通过制定财政、融资和税收等政策,改变以往过于注重技术引进模仿的发展模式,大力推进企业的技术创新活动。日本制定了高于发达国家的产品技术标准,不断强化产品质量要求,另外还建立了严格的监管体系,确保各项标准和法规得到充分实施。最终日本在家电、汽车、电子等行业都取得了巨大的技术领先优势,大大提升了经济发展的质量。

11.4 韩国的经验借鉴

11.4.1 转变政府角色

韩国根据经济发展形势实施差异化发展模式,由战后政府主导型向亚洲金融危机后的市场化转变。战后韩国政府国有化商业银行,政府为私营企业的外债偿付提供全额信用担保以吸引外资流入,因此韩国得以吸引大量外资,进而弥补了国内资本的缺乏,同时更是引进了一批先进的技术。韩国政府以出口业绩为导向的信用担保模式不仅吸引了大量外资和技术,还对三星、现代、大宇等数十家规模庞大的世界级企业的成长起到了至关重要的支持作用,使得韩国在20世纪60年代快速实现了资本积累,创造了经济持续的高速增长。随着经济规模的扩大和复杂程度提高,政府干预和官办金融也带来了较多问题,韩国经济发展遇到较大困境。亚洲金融危机之后,韩国在金融、企业、劳动及公共四大方面开展了经济改革,改革之后,政府组织员工大幅精简,国营事业民营化也获得进展,政府角色由全能型政府向有限型政府转变,由管理型政府向治理型、服务型政府转变,使市场在资源配置中起决定性作用,注重提高行政效率,韩国经济也成功实现强劲复苏。

11.4.2 对外出口高端化

积极推动对外贸易高端化。战后韩国确立了"贸易立国"战略,国家坚持以"经济第一、增长第一、出口第一"为目标的外向型经济发展战略。政府根据出口企业的业绩表现,给出口业绩表现优异的企业提供低息信用担保,为企业积极出口的行为提供了正向激励,极大地促进了韩国出口份额的扩大,对韩国战后经济发展起到了巨大帮助。进入21世纪之后,随着世界经济的不景气到来,韩国外向经济发展受到很大困扰,因此韩国逐渐加大出口产品的技术含量,出口产品中劳动密集型产品的比重越来越少,知识和技术密集型产品逐渐增多,特别是 IT 产品的出口占据了重要位置,对外出口高端化转型升级成果显著。

11.4.3　注重科技创新

韩国经济的持续高增长使其在不到 20 年的时间内从一个落后的农业国一跃成为中等发达国家,而推动韩国经济增长的关键动力源就是科技创新,其中,政府对大企业科技创新的支持起到了关键的作用。在经济发展初期,韩国主要依靠引进国外技术,自主创新能力较弱,20 世纪 80 年代之后,政府确立了技术立国战略,大力推进基础研究,合理分配研发资源,扩大与国外技术研发的合作水平,极大地提高了韩国的技术水平和经济发展质量。

12 浙江省经济增长质量提升的路径与政策

12.1 浙江省经济增长质量提升的路径

根据上述研究结论,本书认为浙江省经济增长质量提升的最优路径有:

12.1.1 路径之一:实施"存量优化、增量尖端"工程,大力促进要素质量提升

长期高投入、粗放式地使用物质资本,使得投资效率低下,物质资本面临着边际报酬递减的威胁。为此,维持浙江经济的稳定持续增长,一个不可或缺的条件,是把经济增长的驱动基础,从粗放型向集约型转变。而要素质量的提升(包括人力资本提升和物质资本质量提升)是结构转型的关键环节,因此也是浙江省经济增长质量提升的重要路径之一。浙江省可以通过实施"存量优化、增量尖端"工程,以促进要素质量提升。

"存量优化"是指对经济中已投入的要素进行精简、优化、升级等,以提升存量要素的质量。一是围绕国家"去产能"要求,结合浙江省"四换三名""三改一拆"等部署,加快对僵尸企业的淘汰、重组。对完全没有效率的僵尸企业,加快破产清算,对于部分在技术、设备、人员和效率存在一定效率的企业,可采取兼并重组等方式进行盘活,进而实现最大限度地精简落后的生产设备、生产工艺和无效率的劳动力。二是围绕"供给侧改革"要求,加大对存量要素的改造升级。加大对劳动力再教育与培训的力度,提升人力资本水平,加大技改投入,积极改造升级生产设备,提升存量资本的生产效率。最终通过人员、资本的优化,提高要素质量。

"增量尖端"是指对经济中新投入的要素进行严格把控,鼓励引入高新尖端资本设备与人才,严控低端、无效率资本设备与人力的投入,进而在源头解决投入要

素质量不高的问题。一是准确把握"互联网＋""中国制造 2025"等战略,结合浙江发展实际,加大产业高端要素的投入,统筹推进战略性新兴产业、装备制造业、高新技术产业发展。二是加大高端要素的引入,集聚全国甚至全球高质量要素资源发展浙江。积极通过海外合作,加快引入国外先进设备和海外高端人才;重点推进浙商回归行动,促进优秀浙商产业回归浙江,进一步提升浙江要素增量的技术水平。

12.1.2　路径之二:发挥"三大配置"的调整机制,切实推动要素结构优化

该路径从产业结构、资源空间配置和市场结构三个方面分析入手,提出了浙江省经济增长质量提升的具体路径,具体表现为三个方面:

以要素的"产业再配置"作为结构均衡化的调整机制,优化要素的纵向配置。产业结构调整是转换生产方式、提高经济运行质量的一个着力点,通过调整产业结构,推动要素和资源的优化配置、使用效率提升,实现产业结构合理化和高度化,以提高产业的竞争力。重点推进传统产业转型升级,推进要素和资源向战略性新兴产业、装备制造业、高新技术产业发展转移。

以"空间再配置"作为经济结构战略调整的着眼点,促进要素由发达区块向发展中区块流动。即以"空间再配置"作为经济结构战略调整的着眼点,优化要素的横向配置。促使市场重心由国际市场(外需)向国内市场(内需)转变,要素由发达区域向西南部落后地区流动,资源向城市集中,加快城市发展,优化要素资源的空间布局、提升配置效率。

以发挥"市场配置资源"的基础性作用作为结构均衡化的调整机制,促进要素向具有更高生产效率的部门和企业流动,从而整体促进浙江省经济增长质量的提升。在浙江向市场经济转型过程中,要素配置的部分非市场化是典型特征。因而从市场化的资源配置角度分析要素的优化配置和使用效率提升就有着重要的现实意义。要素的低配置效率将导致创新效率低下,而外部环境,特别是政府不当干预也往往导致配置效率双重损失。因此,应注重"市场"维度、发挥要素市场在要素资源配置中的基础作用,政府的干预和政策要以市场规律为基础,以确保要素配置效率最大化。

12.1.3　路径之三:着眼产业特征差异,努力实现技术创新增进

技术创新增进是提升浙江省经济增长质量的新动力源之一,针对不同产业的特点,以技术创新促进浙江省经济增长质量提升的路径有两种,即倾斜式路径和发散式路径,这两种路径存在着很大的差异,因此适应的产业也不相同。

倾斜式路径,即通过技术创新建立主导产业部门,围绕主导产业部门调整主体产业的内部结构,进而促使经济结构转换升级。倾斜式路径主要是利用产业间的

连锁效果,在较短时间内通过技术扩散,拉动主体产业发生结构性变化。因此,把技术创新放置在主导产业部门,就可发挥乘数效应,促使中间生产过程的技术现代化。这种路径只需对主导产业部门进行技术和资金投入,不必对产业进行全面改造,对资金和技术要求相对不高,新兴产业由于资金和技术方面存在差距,因此较适宜采用倾斜式路径。

发散式路径,即直接把技术创新形成的先进技术植入到主体产业,全面改造主体产业结构。发散式路径的创新并不是通过主导产业部门向其他部门传导,而是需要对所有产业体系同时进行技术改造,因此需要投入大量资本,引进和研发大量高新技术,对经济体的资金和技术的要求较高。发散式路径需要政府投入大量资金,或对企业投入进行资助,并做好企业的协调工作,因此较适宜对资金较为充裕的传统产业的改造。

12.2 浙江省经济增长质量提升的政策

在上述研究的基础上,本书探索了浙江省经济增长质量提升的政策,以为经济发展提供参考借鉴,具体为:

12.2.1 三方联动,构建"政府—市场—社会"三位一体的要素提升系统

以政府辅助、市场主导和社会推动为特征,从不同的角度对提升路径进行完善,三者充分发挥各自的功能,全面促进要素质量提升,最终通过人力资本和物质资本质量的提升达到经济增长质量的提升,并确保提升路径的高效性和持续性。该政策的具体要求有:一是无损性,政府提高资本回报率的政策直接实施到市场中的相关产业,无中间环节的扭曲与损失;二是试错性,企业和政府共同发现潜在的成本和机会并进行灵活的战略合作的互动过程,既允许政策的偏差,又能快速纠正,是一种灵活的评估、修正、调整的过程;三是独立合作性,即政府和企业之间既不是完全独立的关系,也不是紧密切合的状态,而依靠合作获取信息,通过独立防止腐败。

12.2.2 外引内育,实施高级要素集聚与培育工程

生产要素的国际流动是经济全球化的本质。然而要素的国际流动有区域集聚性和非对称性,因而"要素集聚能力"成为一种新型竞争力。浙江要进一步提升吸引和集聚国际、省际要素尤其是高级要素的能力,形成集聚广义生产要素的强大的引力场。首先,集中力量加快对高级生产要素的培育和科技创新,以实现浙江在集

聚世界要素的同时,自身拥有更多的高级要素、更优的要素结构和更高的要素收益;其次,要推进省内市场化改革,增强浙江对外部市场的产品吸收能力,尽快改变仅仅依靠外部条件而不注重改善内部条件的局面,提升需求水平与投资能力;再次,加强人才培养和高级人才的引进,为技术创新提供良好的基础和前提保障。通过吸纳与配置国内外高级要素,充分发挥国内外资本在水平和垂直两个方面的技术溢出效应,获取国际、国内分工中的高附加值、高收益,为经济发展质量的提升提供有力的要素支撑。

12.2.3　差异有序,实施边际产业干预的战略性管理

完全的中性产业政策和贸易政策,可能存在产业结构升级缓慢、陷入低端分工锁定的风险,因此必须对具有动态比较优势潜力的前沿边际产业进行适度的政策干预,这就是"战略性的管理"。这些前沿边际产业应是省内发展已具有一定基础,能反映浙江技术升级和比较优势升级趋势的部门,前沿边际产业的干预政策注重产业政策与贸易政策的协调,政策实施强调竞争相容条件下政策支持的均匀程度和覆盖比例。首先,实施差异化产业政策。对于前沿边际产业,通过政府规划与培育,引领鼓励企业有序进入,注重梯队培育,避免对前沿边际产业的无序、过度投入。对于落后边际产业,通过政策倒逼产业淘汰关闭、转型升级。其次,通过贸易政策进行引导。限制"两高一资"等落后产业的出口,鼓励自主品牌和高附加值产品出口,注重国内外先进技术产品进口,大力引进自主培育不足的前沿边际产业,与自主培育达成良好互补,形成边际产业差异化发展格局。

12.2.4　效率引领,打造效益导向型的软环境优势

我国经济发展方略已从第一代的政策优势、第二代的劳动力要素优势,转向第三代的软环境优势。所谓软环境优势,主要是有公正透明的法制环境、公平有效的市场竞争环境、高效廉洁的政府服务环境,以及配套齐全的产业集群环境。第一,完善法律法规和相关政策。依法实施经营者集中反垄断审查、不当竞争审查等,做好企业并购安全审查,维护公平竞争的法制环境和市场竞争环境。第二,打造高效廉洁的政府服务环境。以服务企业为导向,加快转变政府职能。以"四张清单一张网"建设为契机,推进电子政府建设和简政放权,加快审批制度改革,完善政务公开。加强政风行风建设,形成廉洁高效的政府环境。第三,建设配套齐全的产业集群环境。前期可以通过政策引导、财政补贴、税收激励等手段,推进产业集群,然后逐步完善集群区域基础设施和配套设施建设,形成规模效益,进而建立内生增长的良好机制,进一步增强集聚能力。以良好的软环境优势,降低环境成本,提高生产效率,最终实现企业效益和经济增长质量的进一步提升。

参考文献

[1] BARRO R J. Quantity and Quality of Economic Growth[A]. Santiago:Central Bank of Chile Working Paper,2002:1-39.

[2] EGGERS A, IOANNIDES Y M. The Role of Output Composition in the Stabilization of US Output Growth[J]. Journal of Macroeconomics,2006,28(3):585-595.

[3] FRY M J. How Foreign Direct Investment Improves the Current Account in Pacific Basin Economies[J]. Journal of Asian Economics,1996,7(3):459-486.

[4] ISLAM N,DAI E,SAKAMOTO H. Role of TFP in China's Growth[J]. Asian Economic Journal,2006,20(2):127-159.

[5] KIM J,LAU L. The Sources of Economic Growth of the East Asian Newly Industrialized Countries[J]. The American Economic Review,1994,8(3):235-271.

[6] KUZNETS S. Modern Economic Growth:Findings and Reflections[J]. American Economic Review,1973,63(3):247-258.

[7] SOLOW R M. Technical Change and the Aggregate Production Function[J]. Review of Economic and Statistics,1957,39(3):312-320.

[8] TAHVONEN O,KULUVAINEN J. Economic Growth,Pollution,and Renewable Resources[J]. Journal of Environmental Economics and Management,1993,24(2):101-118.

[9] VINOD H D. Open Economy and Financial Burden of Corruption:Theory and Application to Asian[J]. Journal of Asian Economics,2003,13(6):873-890.

[10] YOUNG A. The Tyranny of Numbers:Confronting the Statistical Realities of the East Asian Growth Experience[J]. Quarterly Journal of Economics,1995,110(3):641-680.

[11] 钞小静,惠康.中国经济增长质量的测度[J].数量经济技术经济研究,2009(6):75-86.

[12] 钞小静,任保平.城乡收入差距与中国经济增长质量[J].财贸研究,2014(5):1-9.

[13] 钞小静,任保平.中国经济结构与经济增长质量的实证分析[J].当代经济科学,2011(6):50-56.

[14] 钞小静,任保平.中国经济增长质量的时序变化与地区差异分析[J].经济研究,2011(4):26-40.

[15] 陈刚,李树,刘樱.银行信贷、股市融资与中国全要素生产率动态[J].经济评论,2009(6):47-56.

[16] 程虹,李丹丹.一个关于宏观经济增长质量的一般理论:基于微观产品质量的解释[J].武汉大学学报(哲学社会科学版),2014(2):79-86.

[17] 单薇.基于熵的经济增长质量综合评价[J].数学的实践与认识,2003(10):49-54.

[18] 高艳红,陈德敏,张瑞.再生资源产业替代如何影响经济增长质量:中国省域经济视角的实证检验[J].经济科学,2015(1):18-28.

[19] 郭路.中国国际收支余额变化与宏观经济研究[J].国际金融研究,2012(2):41-48.

[20] 郭克莎.论经济增长的速度和质量[J].经济研究,1996(1):36-42.

[21] 郝颖,辛清泉,刘星.地区差异、企业投资与经济增长质量[J].经济研究,2014(3):101-114.

[22] 何强.要素禀赋、内在约束与中国经济增长质量[J].统计研究,2014(1):70-77.

[23] 卡马耶夫.经济增长的速度和质量[M].陈华山,译.武汉:湖北人民出版社,1983:19-32.

[24] 康梅.投资增长模式下经济增长因素分解与经济增长质量[J].数量经济技术经济研究,2006(2):153-160.

[25] 李京文,郑友敬,杨树庄,等.中国经济增长分析[J].中国社会科学,1992(1):15-36.

[26] 李娟伟,任保平,刚翠翠.提高中国经济增长质量与效益的结构转化路径研究[J].经济问题探索,2014(4):161-167.

[27] 李娟伟,任保平.重庆市经济增长质量评价与分析[J].重庆大学学报(社会科学版),2014(3):95-102.

[28] 李卫国.中国省际经济增长质量的实证分析[D].杭州:浙江财经大学,2013:34-43.

[29] 刘伟,蔡志洲.技术进步、结构变动与改善国民经济中间消耗[J].经济研究, 2008(4):4-14.

[30] 刘海英,张纯洪.中国经济增长质量提高和规模扩张的非一致性实证研究 [J].经济科学,2006(2):13-22.

[31] 刘建亚.我国经济增长效率分析[J].思想战线,2002(4):30-33.

[32] 刘树成.论又好又快发展[J].经济研究,2007(6):4-13.

[33] 刘文革,周文召,仲深.金融发展中的政府干预资本化进程与经济增长质量 [J].经济学家,2014(3):64-73.

[34] 刘小瑜,汪淑梅.基于集对分析法的我国经济增长质量综合评价[J].江西社 会科学,2014(12):48-53.

[35] 刘燕妮,安立仁,金田林.经济结构失衡背景下的中国经济增长质量[J].数量 经济技术经济研究,2014(2):20-35.

[36] 罗英.产品质量规制如何影响经济增长质量:原理与案例的双重诠释[J].武 汉大学学报(哲学社会科学版),2014(5):32-38.

[37] 罗连发.产品质量如何决定经济增长质量:基于山区的实证研究[J].武汉大 学学报(哲学社会科学版),2014(2):87-92.

[38] 吕铁,周叔莲.中国的产业结构升级与经济增长方式转变[J].管理世界,1999 (1):113-125.

[39] 毛其淋.二重经济开放与中国经济增长质量的演进[J].经济科学,2012(2):5-20.

[40] 门可佩,唐沙沙,赵凯,等.江苏经济增长质量和效益评价模型与实证分析 [J].南京信息工程大学学报(自然科学版),2011(6):550-555.

[41] 彭德芬.经济增长质量研究[M].武汉:华中师范大学出版社,2002:8-22.

[42] 任保平,王蓉.经济增长质量价值判断体系的逻辑探究及其构建[J].学术月 刊,2013(3):88-94.

[43] 任保平.经济增长质量:理论阐释、基本命题与伦理原则[J].学术月刊,2012 (2):63-70.

[44] 沈坤荣.中国经济增长绩效分析[J].经济理论与经济管理,1998(1):28-33.

[45] 沈利生,王恒.增加值率下降意味着什么[J].经济研究,2006(3):59-66.

[46] 随洪光,刘廷华.FDI是否提升了发展中东道国的经济增长质量[J].数量经 济技术经济研究,2014(11):3-20.

[47] 随洪光.外资引入、贸易扩张与中国经济增长质量提升:基于省际动态面板模 型的经验分析[J].财贸经济,2013(9):85-94.

[48] 托马斯.增长的质量[M].北京:中国财政经济出版社,2001:29.

[49] 汪春,傅元海.FDI对我国经济增长质量的影响[J].湖南商学院学报,2009

(5):21-24.

[50] 王薇,任保平.我国经济增长数量与质量阶段性特征:1978—2014年[J].改革,2015(8):48-58.

[51] 王积业.关于提高经济增长质量的宏观思考[J].宏观经济研究,2000(1):11-17.

[52] 魏婕,任保平.要素生产率和经济增长质量的理论与实证分析:基于1952—2007年的数据[J].山西财经大学学报,2009(11):36-44.

[53] 魏婕,任保平.中国各地区经济增长质量指数的测度及其排序[J].经济学动态,2012(4):27-33.

[54] 魏下海,余玲铮.中国全要素生产率变动的再测算与适用性研究——基于数据包络分析与随机前沿分析方法的比较[J].华中农业大学学报(社会科学版),2011(3):76-83.

[55] 项俊波.中国经济结构失衡的测度与分析[J].管理世界,2008(9):1-11.

[56] 项泽宇,陈晓俊,钟涨璐,等.基于熵值法的宁波市经济增长质量分析[J].经营与管理,2015(4):91-93.

[57] 肖明月,杨君.要素质量、要素配置效率、技术创新与经济增长质量:基于浙江省级数据的实证分析[J].浙江金融,2015(1):70-75.

[58] 杨飞虎.中国经济增长因素分析:1952—2008[J].经济问题探索,2010(9):1-7.

[59] 杨孟禹,张可云.服务业集聚、空间溢出与经济增长质量:基于中国省际空间面板杜宾模型的经验研究[J].财经论丛,2016(3):3-10.

[60] 姚耀军.金融发展与全要素生产率增长:区域差异重要吗?[J].当代财经,2012(3):43-53.

[61] 叶初升,李慧.以发展看经济增长质量概念、测度方法与实证分析[J].经济理论与经济管理,2014(12):17-34.

[62] 叶初升.发展经济学视野中的经济增长质量[J].天津社会科学,2014(2):96-101.

[63] 于津平,许小雨.长三角经济增长方式与外资利用效应研究[J].国际贸易问题,2011(1):72-81.

[64] 郁利花.基于组合权重的浙江省经济增长质量评价[J].价格月刊,2011(1):60-63.

[65] 张继海,李发毅.经济增长质量辨析与评价[J].中国社会科学院研究生院学报,2014(11):50-55.

[66] 章祥荪,贵斌威.中国全要素生产率分析:Malmquist指数法评述与应用[J].数量经济技术经济研究,2008(6):111-122.

[67] 郑京海,胡鞍钢.中国改革时期省际生产率增长变化的实证分析(1979—2001年)[J].经济学,2005,4(2):263-296.

[68] 郑玉歆.全要素生产率再认识:用 TFP 分析经济增长质量存在的若干局限[J].数量经济技术经济研究,2007(9):3-11.

[69] 周方召,刘文革.宏观视角下企业家精神差异化配置与经济增长:一个文献述评[J].金融研究,2013(7):15-21.

[70] 周业安.金融抑制对中国企业融资能力影响的实证研究[J].经济研究,1999(2):13-20.

[71] 肖欢明.我国经济增长质量的测度及分析[J].金融经济,2014,(06):33-34.

[72] 李荣富,王萍,傅懿兵.经济增长质量综合评价指标体系与模型构建探究[J].淮北师范大学学报(哲学社会科学版),2013(4):36-39.

[73] 文建东,李慧.经济增长质量的测度与分析——以县域经济为例[J].湖北社会科学,2012(7):72-79.

[74] 程承坪,陈志.经济增长数量与质量的耦合分析——基于湖北省 2003—2013年统计数据的实证研究[J].2016(2):51-60.

[75] 逯进,周惠民.中国省域人力资本与经济增长耦合关系的市政分析[J].数量经济技术经济研究,2013(9):3-19.

[76] 傅元海,张丹,孙爱军.FDI 技术溢出影响经济增长方式的理论研究[J].当代财经,2010(6):75-84.

[77] 单豪杰.中国资本存量 K 的再估算:1952—2006 年[J].数量经济技术经济研究,2008(10):17-31.

[78] 廖重斌.环境与经济协调发展的定律评判及其分类体系——以珠江三角洲城市群为例[J].热带地理,1992(2):25-36.

[79] 白重恩,张琼.中国资本回报率及其影响因素分析[J].世界经济,2014(10):3-30.

[80] 方文全.中国的资本回报率有多高[J].经济学,2012(1):521-540.

[81] 黄先海,杨君,肖明月.资本深化、技术进步与资本回报率:基于美国的经验分析[J].世界经济,2012(9):3-20.

[82] 贾润崧,张四灿.中国省际资本存量与资本回报率[J].统计研究,2014(11):35-42.

[83] 刘晓光,卢锋.中国资本回报率上升之谜[J].经济学,2014(3):817-836.

[84] 卢锋.我国资本回报率估测:1978—2006[J].经济学,2007(4):723-758.

[85] 邵挺.金融错配、所有制结构与资本回报率:来自 1999—2007 我国工业企业的经验研究[J].金融研究,2010(9):51-68.

［86］舒元,张莉,徐现祥.中国工业资本收益率和配置效率测算及分解［J］.经济评论,2010(1):27-35.

［87］张勋,徐建国.中国资本回报率的再测算［J］.世界经济,2014(8):3-23.

［88］BARRO R J,SALA-I-MARTIN X. Economic Growth［M］. 2nd ed. Cambridge: Massachusetts Institute of Technology Press,2004.

［89］GORDON R J. Economic Growth Since 1870:One Big Wave? ［J］. American Economic Review,1999,89(2):123-128.

［90］LI J,SHEN K,ZHANG R. Measuring Knowledge Spillovers:A Non-appropriable Returns Perspective［J］. Annals of Economics and Finance,2011,12(2): 265-293.

［91］SHAN. W. J. The World Bank's China Delusions［J］. Far Eastern Economic Review,2006,169(7):29-32.

［92］SONG Z. KJERIL S,FABRIZIO Z. Growing Like China［J］. American Economic Review,2011,101(2):196-233.

［93］ROMER P. M. Increasing Returns and Long-run Growth［J］. Journal of Political Economy,1986,94(5):1002-1037.

［94］GALOR O,ZEIRA J. Income distribution and macroeconomics［J］. Review of Economic Studies,1993,60(1):35-52.

［95］杨俊,李雪松.教育不平等、人力资本积累与经济增长:基于中国的实证研究［J］.数量经济技术经济研究,2007(2):37-45.

［96］VIAENE J. M,ZILCHA I. Education Technology,Human Capital Distribution and Growth［J］. CESifo Working Paper,2006.

［97］钱晓烨,迟巍,黎波.人力资本对我国区域创新及经济增长的影响——基于空间计量的实证研究［J］.数量经济技术经济研究,2014,(4):107-121.

［98］BRONZINI R,PISELLI P. Determinants of Long—run Regional Productivity with Geographical Spillovers:the Role of Rand D,Human Capital and Public Infrastructure［J］. Regional Science and Urban Economics,2009,39(2): 187-199.

［99］许和连,亓朋,祝树金.贸易开放度、人力资本与全要素生产率:基于中国省际面板数据的经验分析［J］.世界经济,2006(12):3-10.

［100］杨立岩,王新丽.人力资本、技术进步与内生经济增长［J］.经济学,2004, (3):905-918.

［101］TEMPLE J. Generalizations that Aren't Evidence on Education and Growth ［J］. European Economic Review,2001,45(4-6):905-918.

[102] MILLER S. M., UPADHYAY M. P. The Effect of Openness, Trade Orientation and Human Capital on Total Factor Productivity[J]. Journal of Development Economics,2000,63(2):399-423.

[103] DEVARAJAN S,SWAROOP V, HENG-FU ZOU. The Composition of Public Expenditure and Economic Growth[J]. Journal of Monetary Economics, 1996,37(2):313-344.

[104] EASTERLY W, REBELO S. Fiscal Policy and Economic Growth: An Empirical Investigation [J]. Journal of Monetary Economics,1993,32(3): 417-458.

[105] BENHABIB J, SPIEGEL M. The Role of Human Capital in economic Development:Evidence form Aggregate Cross—Country Regional U. S. Data [J]. Journal of Monetary Economics,1994,34(2):143-174.

[106] 姚先国. 教育、人力资本与地区经济差异[J].经济研究,2008(5):47-57.

[107] KRUSELL P, OHANIAN L, RIOS—RELL J. V. and VIOLANTE G. Capital—Skill Complementarity and Inequality:A Macroeconomic Analysis [J]. Econometrica,2000,68(5):1029-1053.

[108] LUCAS R. Why Doesn't Capital Flow from Rich to Poor Countries? [J]. American Economic Review Papers and Proceedings,1990,80(2):92-96.

[109] UZAWA H. Optimum Technical Change in an Aggregative Model of Economic Growth[J]. International Economic Review,1965,6 (1):18-31.

[110] ROSEN S. A Theory of Life Earning[J]. The Journal of Political Economy, 1976,(8):45-67.

[111] BAI C. E., HSIEH C. T. and QIAN Y. Y. The Return to Capital in China [J]. Brookings Papers on Economic Activity,2006,37 (2):61-88.

[112] HANSEN B. E. Threshold Effects in Non-dynamic Panels: Estimation, Testing and Inference[J]. Journal of Econometrics,1999 (2):345-368

[113] HUMPHREY J,SCHMITZ H. Governance in Global Value Chains[J]. IDS Bulletin,2001(3):19-29.

[114] HUMPHREY J,SCHMITZ H. How does Insertion in Global Value Chain Affect Upgrading in Industrial Clusters [J]. Regional Studies,2002(36): 1017-1027.

[115] JAVORCIK B. S. Does Foreign Direct Investment Increase the Productivity of Domestic Firms? In Search of Spillovers through Backward Linkages[J]. American Economic Review,2002(3):605-627.

[116] KOGUT B. Designing Global Strategies：Comparative and Competitive Value-added Chains[J]. Sloan Management Review，1985(4)：15-28.

[117] LOECKER J. D. Do Exports Generate Higher Productivity? [J]. Journal of International Economics，2004(1)：69-98.

[118] MELITZ M. J. The Impact of Trade on Intra—Industry Reallocations and Aggregate Industry Productivity[J]. Econometrica，2003(6)：1695-1725.

[119] 范剑勇,冯猛.中国制造业出口企业生产率悖论之谜[J].管理世界,2013(8):16-29.

[120] 郭晶,刘菲菲.中国服务业国际竞争力的重新估算——基于贸易增加值视角的研究[J].世界经济研究,2015(2):52-60.

[121] 胡昭玲.产品内国际分工对中国工业生产率的影响分析[J].中国工业经济,2007(6):38-45.

[122] 胡昭玲,宋佳.基于出口价格的中国国际分工地位研究[J].国际贸易问题,2013(3):15-25.

[123] 刘胜,顾乃华,陈秀英.全球价值链嵌入、要素禀赋结构与劳动收入占比[J].经济学家,2016(3):96-104.

[124] 刘维林,李兰冰,刘玉海.全球价值链嵌入对中国出口技术复杂度的影响[J].中国工业经济,2014(6):83-95.

[125] 刘志彪,张杰.全球代工体系下发展中国俘获型网络的形成、突破与对策[J].中国工业经济,2007(5):39-47.

[126] 吕越,罗伟,刘斌.异质性企业与全球价值链嵌入:基于效率和融资的视角[J].世界经济,2015(8):29-55.

[127] 吕越,吕云龙.全球价值链嵌入会改善制造业企业的生产效率吗——基于双重稳健—倾向得分加权估计[J].财贸经济,2016(3):109-122.

[128] 苏庆义,高凌云.全球价值链分工位置及其演进规律[J].统计研究,2015(12):38-45.

[129] 唐东波.贸易开放、垂直专业化与产业升级[J].世界经济,2013(4):47-68.

[130] 王岚.融入全球价值链对中国制造业国际分工地位的影响[J].统计研究,2014(5):17-23.

[131] 王岚,李宏艳.中国制造业融入全球价值链路径研究——嵌入位置和增值能力的视角[J].中国工业经济,2015(2):76-88.

[132] 王玉燕,林汉川,吕臣.全球价值链嵌入的技术进步效应——来自中国工业面板数据的经验研究[J].中国工业经济,2014(9):65-77.

[133] 吴延兵.市场结构、产权结构与R&D——中国制造业的实证分析[J].统计

研究,2007(5):67-75.

[134] 杨君,肖明月.价值链低端生产是否限制了中国的资本回报率——基于省级动态面板数据 GMM 方法[J].国际贸易问题,2015(6):53-62.

[135] 姚洋,张晔.中国出口品国内技术含量升级的动态研究——来自全国及江苏省、广东省的证据[J].中国社会科学,2008(2):67-82.

[136] 尹彦罡,李晓华.中国制造业全球价值链地位研究[J].财经问题研究,2015(11):18-26.

[137] 张辉.全球价值链下地方集群转型和升级[M].北京:经济科学出版社,2006.

[138] 张少军,李东方.生产非一体化与能源利用效率[J].中国工业经济,2009(2):66-75.

[139] 周彩虹.产业价值链提升路径的理论与实证研究——以长三角制造业为例[J].中国软科学,2009(7):163-171.

[140] 周升起,兰珍先,付华.中国制造业在全球价值链中分工地位再考察[J].国际贸易问题,2014(2):3-12.

[141] 刘航,孙早.有偏技术进步与工业产能过剩——基于开放格局的供给侧改革[J].经济学家,2017,(1):47-54.

[142] CASSELS J. M. Excess Capacity and Monopolistic Competition[J]. Quarterly Journal of Economics,1937,51(3):26-443.

[143] MORRISON C. J. Primal and Dual Capacity Utilization:An Application to Productivity Measurement in the U. S. Automobile Industry[J]. Journal of Business and Economic Statistics,1985,3(4):312-324.

[144] 王自锋,白玥明.人民币实际汇率对工业产能利用率的影响[J].中国工业经济,2015,(4):70-82.

[145] 吕品,李超超,杨君.外部需求扩张能否提高中国制造业的产能利用率[J].国际贸易问题,2016(7):40-50.

[146] 韩国高,高铁梅,王立国,等.中国制造业产能过剩的测度、波动及成因研究[J].经济研究,2011(12):18-31.

[147] 沈坤荣,钦晓双,孙成浩.中国产能过剩的成因与测度[J].产业经济评论,2012,(4):1-26.

[148] KARAGIANNIS R. A System-of-equations Two-stage DEA Approach for Explaining Capacity Utilization and Technical Efficiency[J]. Annals of Operations Research,2015,227(1):25-43.

[149] 张少华,蒋伟杰.中国的产能过剩:程度测算与行业分布[J].经济研究,2017(1):89-102.

［150］TONE K，TSUTSUI M. Dynamic DEA：A Slacks-based Measure Approach ［J］. Omega，2010，38（3）：145-156.

［151］杨振兵. 有偏技术进步视角下中国工业产能过剩的影响因素分析［J］. 数量经济技术经济研究，2016（8）：30-46.

［152］林毅夫，巫和懋，邢亦青. "潮涌现象"与产能过剩的形成机制［J］. 经济研究，2010（10）：118.

［153］徐朝阳，周念利. 市场结构内生变迁与产能过剩治理［J］. 经济研究，2015（2）：75-87.

［154］周劲，付保宗. 产能过剩的内涵、评价体系及在我国工业领域的表现特征［J］. 经济学动态，2011（10）：58-64.

［155］ALEXANDER B，RANJANI K. R，KAREN L. S，Drivers and Consequences of Short—Term Production Decisions：Evidence from the Auto Industry［J］. Contemporary Accounting Research，2011，28（1）：83-123.

［156］江飞涛，耿强，吕大国. 地区竞争、体制扭曲与产能过剩的形成机理［J］. 中国工业经济，2012（6）：44-56.

［157］刘航，孙早. 城镇化动因扭曲与制造业产能过剩［J］. 中国工业经济，2014（11）：5-17.

［158］CONRAD K，VEALL M. R. A Test for Strategic Excess Capacity［J］. Empirical Economics，1991，16（4）：433-445.

［159］Ma T. C. Strategic Investment and Excess Capacity：A Study of the Taiwanese Flour Industry［J］. Journal of Applied Economics，2005，8（1）：153-170.

［160］周业樑，盛文军. 转轨时期我国产能过剩的成因解析及政策选择［J］. 金融研究，2007（2）：183-190.

［161］林毅夫. 去产能需要政府和市场的协同发力［J］. 财经界，2016（10）：68-69.

［162］周密，刘秉镰. 供给侧结构性改革为什么是必由之路？——中国式产能过剩的经济学解释［J］. 经济研究，2017（2）：67-81.

［163］吴敬琏. 中国经济面临的挑战和选择［M］//供给侧改革——经济转型重塑中国布局. 北京：中国文史出版社，2016.

［164］MASLOW A. H，A Theory of Human Motivation［J］. Psychological Review，1943，50（4）：370-396.

［165］董敏杰，梁泳梅，张其仔. 中国工业产能利用率：行业比较、地区差距及影响因素［J］. 经济研究，2015，（1）：84-98.

［166］ARELLANO M，BOVER O. Another Look at the Instrumental Variable Estimation of Error-components Models［J］. Journal of Econometrics，1995，68

(1):29-51.

[167] KIRKLEY J, Paul C. J. M. Squires D. Capacity and Capacity Utilization in Common-pool Resource Industries[J]. Environmental and Resource Economics, 2002,22(1-2):71-97.

[168] 余东华,吕逸楠.政府不当干预与战略性新兴产业产能过剩——以中国光伏产业为例[J].中国工业经济,2015(10):53-68.

[169] 白让让.竞争驱动、政策干预与产能扩张——兼论"潮涌现象"的微观机制[J].经济研究,2016(11):56-69.

[170] 杨振兵,邵帅,张诚.生产比较优势、棘轮效应与中国工业技术进步的资本偏向[J].数量经济与技术经济研究,2015(9):39-55.

[171] 王文甫,明娟,岳超云.企业规模、地方政府干预与产能过剩[J].管理世界,2014(10):17-36.

[172] 张军,陈诗一,Jefferson G H.结构改革与中国工业增长[J].经济研究,2009(7):4-20.

[173] 雷钦礼.偏向性技术进步的测算与分析[J].统计研究,2013,30(4):83-91.

[174] BLOOM N,BOND S,JOHN V. R. Uncertainty and Investment Dynamics [J]. Review of Economic Studies,2007,74(2):391-415.

[175] GAROFALO G. A,MALHOTRA D. M. Regional Measures of Capacity Utilization in the 1980s[J]. Review of Economics and Statistics,1997,79(3):415-421.

[176] GROSSKOPF S,KIRKLEY J. E,Squires D. Data Envelopment Analysis (DEA):A Framework for Assessing Capacity in Fisheries When Data are Limited[J]. National Identities,2000,12(2):133-145.

[177] PASCOE S,TINGLEY D. Economic Capacity Estimation in Fisheries:A Non—parametric Ray Approach[J]. Resource and Energy Economics,2006,28(2):124-138.

[178] 白让让.供给侧结构性改革下国有中小企业退出与"去产能"问题研究[J].经济学动态,2016(7):65-74.

[179] 程俊杰.中国转型时期产业政策与产能过剩——基于制造业面板数据的实证研究[J].财经研究,2015(8):131-144.

[180] 干春晖,邹俊,王健.地方官员任期、企业资源获取与产能过剩[J].中国工业经济,2015(3):44-56.

[181] 黄益平.普惠金融难度大,互联网金融解决了痛点[J].金融经济,2016(9):21-22.

［182］刘航,孙早.要素扩张、行业特征与产能过剩——对技术进步与要素配置调节效应的检验[J].当代经济科学,2017(4):58-68.

［183］陆菁,刘毅群.要素替代弹性、资本扩张与中国工业行业要素报酬份额变动[J].世界经济,2016(3):118-143.

［184］孙巍,李何,王文成.产能利用与固定资产投资关系的面板数据协整研究——基于制造业 28 个行业样本[J].经济管理,2009(3):38-43.

［185］杨振兵,张诚.中国工业部门产能过剩的测度与影响因素分析[J].南开经济研究,2015(6):92-109.

［186］周瑞辉,廖涵.国有产权、体制扭曲与产能利用——基于中国 1998—2007 年制造业行业的面板分析[J].山西财经大学学报,2015(1):58-69.

［187］魏楚,沈满洪.能源效率及其影响因素基于 DEA 的实证分析[J].管理世界,2007(8):66-76.

［188］师博,沈坤荣.市场分割下的中国全要素能源效率:基于超效率 DEA 方法的经验分析[J].世界经济,2008(9):49-59.

［189］王霄,屈小娥.中国制造业全要素能源效率研究——基于制造业 28 个行业的实证分析[J].当代经济科学,2010(2):20-25.

［190］续竞秦,杨永恒.中国棉花生产技术效率及其影响因素分析[J].技术经济与管理研究,2012(7):15-19.

［191］林伯强,杜克锐.要素市场扭曲对能源效率的影响[J].经济研究,2013(9):125-136.

［192］王雄,岳意定,刘贯春.基于 SFA 模型的科技环境对中部地区能源效率的影响研究[J].经济地理,2013,33(5):37-42.

［193］武盈盈,李燕.山东省工业能源效率及其影响因素研究[J].中国人口资源与环境,2015,25(6):114-120.

［194］HAILU A, VEEMAN T. S. Non-parametric Productivity Analysis with Undesirable Outputs:an Application to the Canadian Pulp and Paper Industry[J]. American Journal of Agricultural Economics,2001,83(3):605-616.

［195］陈诗一.能源消耗、二氧化碳排放与中国工业的可持续发展[J].经济研究,2009(7):41-55.

［196］杨文举.基于 DEA 的绿色经济增长核算:以中国地区工业为例[J].数量经济技术经济研究,2011,28(1):19-34.

［197］胡晓珍,杨龙.中国区域绿色全要素生产率增长差异及收敛分析[J].财经研究,2011,37(4):123-134.

［198］钱争鸣,刘晓晨.中国绿色经济效率的区域差异与影响因素分析[J].中国人

口资源与环境,2013,23(7):104-109.

[199] 李艳军,华民.中国城市经济的绿色效率及其影响因素研究[J].城市与环境研究,2014(2):36-52.

[200] 叶仁道,张勇,罗堃.中国绿色经济效率的测算及影响因素——基于偏正态面板数据模型[J].技术经济,2017,36(11):79-85.

[201] 李晓阳,赵宏磊,林恬竹.中国工业的绿色创新效率[J].首都经济贸易大学学报,2018,20(03):41-49.

[202] 冉启英,陈荣翼.所有制结构对全要素能源效率的影响研究[J].新疆师范大学学报(哲学社会科学版),2015,36(5):112-117.

[203] 岳鸿飞,杨晓华,张志丹.绿色产业在落实2030年可持续发展议程中的作用分析[J].城市与环境研究,2018(1):78-87.

[204] 李浩.城镇化率首次超过50%的国际现象观察[J].城市规划学刊,2013(1):43-50.

[205] 任阳军,汪传旭.中国城镇化对区域绿色经济效率影响的实证研究[J].技术经济,2017,36(12):72-78.

[206] 王亚平,任建兰,程钰.科技创新对绿色发展的影响机制与区域创新体系构建[J].山东师范大学学报(人文社会科学版),2017(4):68-76.

[207] 吴齐,杨桂元.我国区域绿色经济效率的评价与分析[J].统计与决策,2017(17):67-71.

[208] 张兵兵.碳排放约束下中国全要素能源效率及其影响因素研究[J].当代财经,2014(6):13-22.

[209] 陈关聚.中国制造业全要素能源效率及影响因素研究——基于面板数据的随机前沿分析[J].中国软科学,2014(1):180-192.

[210] TONE K. A Slacks-based Measure of Efficiency in Data Envelopment Analysis[J]. European Journal of Operational Research,2001,130(3):498-509.

[211] CHARNES A,Cooper W. W. Programming with Linear Fractional [J]. Naval Research Logistics Quarterly,1962,9(3-4):181-186.

[212] 王兵,吴延瑞,颜鹏飞.中国区域环境效率与环境全要素生产率增长[J].经济研究,2010,45(5):95-109.

[213] 袁鹏,程施.中国工业环境效率的库兹涅茨曲线检验[J].中国工业经济,2011(2):79-88.

[214] 科埃利,拉奥,奥唐奈,等.效率与生产率分析引论[M].北京:中国人民大学出版社,2008.